O Prazer de Ler Freud

Transmissão da Psicanálise
diretor: Marco Antonio Coutinho Jorge

J.-D. Nasio

O PRAZER DE LER FREUD

Tradução:
Lucy Magalhães

Revisão técnica:
Marco Antonio Coutinho Jorge
Programa de Pós-graduação em Psicanálise, Instituto de Psicologia/Uerj

ZAHAR

Este livro é a versão profundamente remanejada e aumentada do primeiro capítulo de *Introdução às obras de Freud, Ferenczi, Groddeck, Klein, Winnicott, Dolto, Lacan*, publicada em 1995, pela Zahar, em tradução de Vera Ribeiro

Tradução autorizada da primeira edição francesa, publicada em 1999, por Éditions Payot & Rivages, de Paris, França

Título original
Le plaisir de lire Freud

Capa
Sérgio Campante

CIP-Brasil. Catalogação na fonte
Sindicato Nacional dos Editores de Livros, RJ

Nasio, Juan-David
N211p O prazer de ler Freud / J.-D. Nasio; [tradução, Lucy Magalhães; revisão técnica, Marco Antonio Coutinho Jorge]. — 1ª ed. — Rio de Janeiro: Zahar, 1999.

(Transmissão da psicanálise)

Tradução de: Le plaisir de lire Freud
Contém dados biográficos
Inclui bibliografia
ISBN 978-85-7110-512-6

1. Freud, Sigmund, 1856-1939. 2. Psicanálise. I. Título. II. Série.

CDD: 150-1952
99-0688 CDU: 159.964.2

EDITORA SCHWARCZ S.A.
Praça Floriano, 19, sala 3001 — Cinelândia
20031-050 — Rio de Janeiro — RJ
Telefone: (21) 3993-7510
www.companhiadasletras.com.br
www.blogdacompanhia.com.br
facebook.com/editorazahar
instagram.com/editorazahar
twitter.com/editorazahar

O que me encanta ao ler Freud,
quando o compreendo, é sua força,
sua loucura, sua força louca e genial
de querer explicar qual é a fonte íntima
que nos anima, a nós humanos.
O prazer de ler Freud é descobrir que,
para além das palavras, é de nós
que ele está falando.

Sumário

Como ler Freud?

A finalidade deste livro é apresentar o essencial da teoria de Freud, cuja obra inspira ainda hoje nossa maneira de praticar a psicanálise, nossa maneira de falar, e, mais genericamente, nossa cultura contemporânea. Imaginei este trabalho como um instrumento para ler e compreender Freud. Ele se divide em três partes: uma exposição clara e rigorosa das idéias fundamentais da obra freudiana, trechos escolhidos dessa obra, e um quadro cronológico dos acontecimentos decisivos da vida de Sigmund Freud. Através destas páginas, procurei despertar no leitor a vontade de consultar diretamente os textos originais de Freud, tendo prazer na sua leitura.

Esta obra introdutória se destina tanto ao estudante que deseja ter uma chave para abordar Freud quanto ao profissional experiente, que — a exemplo do criador da psicanálise — volta incessantemente aos fundamentos da teoria. Lembremos os numerosos textos em que Freud retoma as bases da sua doutrina para ressaltar os seus aspectos essenciais, como fez, por exemplo, no seu último escrito, *Esboço de psicanálise*, que ele redigiu quando tinha 82 anos. O que ocorreu então? Algo extraordinário.

Ao escrever o *Esboço*, Freud inventou ainda novos conceitos. É assim que a volta aos fundamentos comporta muitas vezes a gestação inesperada do novo. O ensino se transforma em pesquisa, e o saber antigo em verdade nova.

O princípio que guiou constantemente o meu trabalho de transmissão da psicanálise pode resumir-se nesta fórmula: *vamos procurar dizer bem o que já foi dito, e talvez possamos dizer algo novo.* Foi com essa intenção que escrevi a presente obra.

* *
*

A aceitação de processos psíquicos inconscientes,
o reconhecimento da doutrina da resistência e do recalcamento
e a consideração da sexualidade e do complexo de Édipo
são os conteúdos principais da psicanálise e os fundamentos
de sua teoria, e quem não estiver em condições de
subscrever todos eles não deve figurar
entre os psicanalistas.
S. FREUD

Um século — e que século! — nos separa de Freud, desde o dia em que ele decidiu abrir seu consultório em Viena e redigir a primeira obra fundadora da psicanálise, *A interpretação dos sonhos*.

Um século é muito extenso; extenso para a história, para a ciência e para as técnicas. Muito extenso para a vida. E, no entanto, é muito pouco para nossa jovem ciência, a psicanálise. A psicanálise, admito, não progride à maneira dos avanços científicos e sociais. Ocupa-se de coisas simples, sumamente simples, que são também imensamente complexas. Ocupa-se do amor e do ódio, do desejo e da lei, dos sofrimentos e do prazer, de nossos atos de fala, nossos sonhos e nossas fantasias. A psicanálise ocupa-se das coisas simples e complexas, mas eternamente atuais. Ocupa-se delas não apenas por meio de um pensamento abstrato, mas através da experiência humana de uma relação concreta entre dois parceiros, analista e analisando, em interação permanente.

Porém um século, mais uma vez, é muita coisa. E, no decurso desses cem anos, os problemas abordados pela psicanálise foram amiúde conceituados sob diferentes pontos de vista. De fato, a experiência sempre singular de cada tratamento analítico obriga o psicanalista que nele se engaja a repensar, em cada situação, a teoria que justifica sua prática. Entretanto, um fio inalterável tecido pelos princípios fundamentais da psicanálise atravessa o século, ordena as singularidades do pensamento analítico e assegura o rigor da teoria. Ora, qual é esse fio que garante tal continuidade, quais são os fundamentos da obra freudiana? Esses fundamentos foram comentados, resumidos e reafirmados inúmeras vezes. Como, então, transmiti-los a vocês de uma nova maneira? Como falar de Freud nos dias atuais?

Optei por lhes submeter minha leitura da obra freudiana a partir de uma questão que habitou em mim durante estes últimos dias, enquanto eu escrevia este texto. Perguntei-me incessantemente o que mais me impressionava em Freud, o que dele vivia em mim, no trabalho com meus analisandos, na reflexão teórica que orienta minha escuta, e no desejo que me anima de transmitir e fazer a psicanálise existir, tal como ela existe neste instante em que vocês lêem estas páginas. O que mais me impressiona em Freud, aquilo em sua obra que me remete a mim mesmo e que, portanto, assim transmite à obra sua atualidade viva, não é a teoria dele, embora eu lhes vá falar sobre isso, nem tampouco seu método, que aplico em minha prática. Não. O que me encanta quando leio Freud, quando penso nele e lhe dou vida, é sua força, sua loucura, sua força louca e genial de querer captar no interior do outro as causas de seus atos, de querer descobrir a fonte íntima que anima um ser. Sem dúvida, Freud é, antes de mais nada, uma vontade, um desejo ferrenho de saber; mas sua genialidade está em outro lugar. A genialidade é uma coisa diferente do querer ou do desejo. A genialidade de Freud está em ele haver compreendido que, para apreender as causas secretas que movem um ser, que movem esse outro que sofre e a quem escutamos, é preciso, primeiro e acima de tudo, descobrir essas causas em si mesmo, voltar a si — sempre mantendo contato com o outro que está diante de nós — o caminho que vai de nossos próprios atos a suas causas. A genialidade não reside, pois, no desejo de desvendar um enigma, mas em emprestar o próprio eu a esse desejo; em fazer de nosso eu o instrumento capaz de se aproximar da origem velada do sofrimento daquele que fala. A vontade de descobrir, tão tenaz em Freud, conjugada com essa modéstia excepcional de comprometer seu eu para consegui-lo, isso é o que mais admiro, e do que jamais lhes poderei prestar contas plenamente através de palavras e conceitos. A genialidade freudiana, como toda genialidade, não se explica nem se transmite e, no entanto, está concretamente presente em todos os clínicos que se abrem à escuta de seus pacientes. A genialidade freudiana é o salto que todo analista é conclamado a realizar em si mesmo, todas as vezes que empresta seu eu para escutar verdadeiramente seu analisando.

Esquema da lógica do funcionamento psíquico

Freud nos deixou uma obra imensa — ele foi, como sabemos, um trabalhador infatigável — e toda a sua doutrina é marcada por seu desejo de identificar a origem do sofrimento do outro, servindo-se de seu próprio eu. Sem dúvida, a obra freudiana é, nesse aspecto, uma imensa resposta, uma resposta inacabada à pergunta: qual é a causa de nossos atos? Como funciona nossa vida psíquica?

Eu gostaria, justamente, de fazê-los compreender o essencial do funcionamento mental, tal como é visto pela psicanálise e tal como se confirma na realidade concreta de uma análise. A concepção freudiana da vida mental, com efeito, pode formalizar-se num esquema elementar, que se evidenciou ao longo de minhas sucessivas releituras dos escritos de Freud. À medida que procurei me aproximar mais do cerne da teoria, vi que ela se transfigurava. Primeiro, a complexidade reduziu-se. Depois, as diferentes partes imbricaram-se umas nas outras, para enfim se ordenarem numa épura simples de sua relação. Se eu lograr transmitir-lhes esse esquema, terei realizado plenamente meu propósito de introduzi-los na obra de Freud, porque esse esquema retoma de maneira surpreendente a lógica implícita do conjunto dos textos freudianos. Desde o *Projeto para uma psicologia científica*, elaborado em 1895, até sua última obra, o *Esboço de psicanálise*, escrito em 1938, Freud não parou de reproduzir espontaneamente, muitas vezes de modo inadvertido, num quase-automatismo do pensamento, o mesmo esquema básico, expresso segundo diversas variantes. É precisamente esse esquema lógico essencial que agora tentarei expor-lhes.

Pedirei ao leitor, uma vez fechado este livro, que faça a seguinte experiência: pegar ao acaso um escrito de Freud e lê-lo com nosso esquema na cabeça. Saberá então se sua compreensão do texto foi mais límpida e menos laboriosa. Gostaria que ler Freud fosse um prazer, o prazer de pensar e de compreender nosso funcionamento psíquico.

Procederemos da seguinte maneira: começarei por construir com vocês este esquema elementar e o irei modificando progressivamente, à medida que desenvolvermos os temas fundamentais que são *o inconsciente, o recalcamento, a sexualidade, o complexo de Édipo,* as três instâncias psíquicas que são *o eu, o isso e o supereu,* o conceito de *identificação* e, finalmente, *a transferência no tratamento analítico.*

*

Passemos a nosso esquema básico. Em que consiste ele? Para responder, preciso lembrar, inicialmente, que ele é uma versão adaptada de um modelo conceitual já clássico, utilizado pela neurofisiologia do século XIX para explicar a circulação do influxo nervoso, e batizado de esquema do *arco reflexo*. Esclareço desde logo que o modelo do arco reflexo continua a ser um paradigma ainda fundamental da neurologia moderna.

O esquema neurológico do arco reflexo é muito simples e bastante conhecido (*Figura 1*). Ele comporta duas extremidades: a da esquerda, *extremidade sensível*, em que o sujeito percebe a excitação, isto é, a injeção de uma quantidade "x" de energia — quando ele recebe, por exemplo, uma leve martelada médica no joelho. A da direita, *extremidade motora*, em que o sujeito libera a energia recebida numa resposta imediata do corpo — em nosso exemplo, a perna reage prontamente com um movimento reflexo de extensão. Entre as duas extremidades, instala-se assim uma tensão que aparece com a excitação e desaparece com a descarga motora. O princípio que rege esse trajeto em forma de arco é portanto muito claro: receber a energia, transformá-la em ação e, conseqüentemente, reduzir a tensão do circuito.

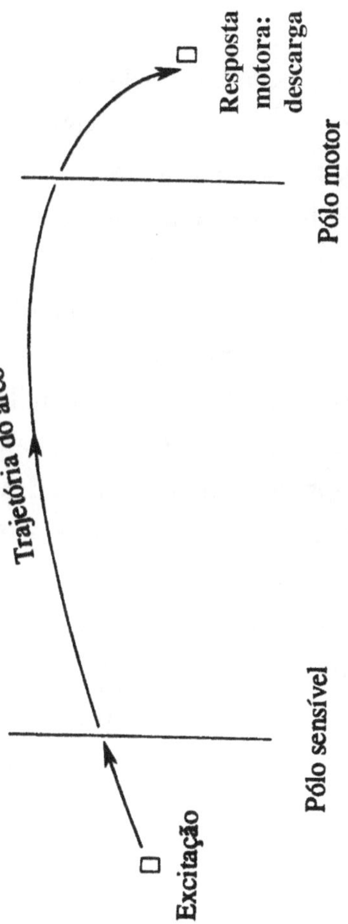

FIGURA 1.
Esquema do arco reflexo

> *Cremos que [o princípio de prazer] é cada vez provocado por uma tensão desprazerosa, e assume uma direção tal que seu resultado final coincide com uma redução dessa tensão, isto é, com uma evitação de desprazer ou uma produção de prazer.*
>
> S. FREUD

Apliquemos agora esse mesmo esquema reflexo ao funcionamento do psiquismo. Pois bem, o psiquismo tenta obedecer a esse princípio que visa a descarga total da tensão, mas sem conseguir êxito. Na vida psíquica, com efeito, a tensão nunca se esgota. Estamos, enquanto vivemos, sob constante tensão. Esse princípio de redução da tensão, que devemos antes considerar como uma tendência, e nunca como uma realização efetiva, leva, em psicanálise, o nome de *Princípio de desprazer-prazer*. Por que chamá-lo dessa maneira, "desprazer-prazer"? E por que afirmar que o psiquismo está sempre sob tensão? Para responder, retomemos as duas extremidades do arco reflexo, mas imaginando, desta vez, que se trata dos dois pólos do próprio aparelho psíquico, imerso como está no meio composto pela realidade externa. A fronteira do aparelho, portanto, separa um interior de um exterior que o contém.

*

Vejamos agora a *Figura 2*. No pólo esquerdo, extremidade sensitiva, discernimos duas características próprias do psiquismo:

a) A excitação é sempre de origem interna, e nunca externa. Quer se trate de uma excitação proveniente de uma fonte externa, como, por exemplo, o choque provocado pela visão de um violento acidente de automóvel, quer se trate de uma excitação proveniente de uma fonte orgânica, como a fome, a excitação continua sempre interna ao psiquismo, já que tanto o choque exterior quanto a necessidade interior criam uma marca psíquica, à maneira de um selo impresso na cera. De fato, a fonte da excitação endógena situada no pólo sensitivo do aparelho psíquico é uma marca, uma idéia, uma imagem, ou, para empregar o termo apropriado, um representante ideativo carregado de energia, também chamado representante das pulsões. Frisamos que na seqüência do texto empregaremos indiferentemente as palavras "representante" e "representação".

b) Segunda característica: esse representante, depois de carregado uma primeira vez, tem a particularidade de continuar permanentemente excitado e de funcionar como uma chaleira que fervesse eternamente, de tal maneira que o aparelho psíquico permanece constantemente excitado. Da mesma forma, é impossível suprimir completamente uma tensão que se realimenta sem cessar.

Ora, essa estimulação ininterrupta mantém no aparelho um nível elevado de tensão, dolorosamente vivenciado pelo sujeito como um apelo premente à descarga. É essa tensão penosa que o aparelho psíquico tenta em vão escoar, sem nunca chegar verdadeiramente a fazê-lo, que Freud denomina *desprazer*. Temos, assim, um estado de *despra-*

zer efetivo e incontornável e, inversamente, um estado hipotético de *prazer* absoluto, que seria obtido se o aparelho conseguisse escoar imediatamente toda a energia e eliminar a tensão. Esclareçamos bem o sentido de cada uma dessas duas palavras: desprazer significa manutenção ou aumento da tensão, e prazer, supressão da tensão. Todavia, observemos que o estado de tensão desprazeroso e penoso não é outra coisa senão a chama vital de nossa atividade mental; desprazer e tensão permanecem para sempre sinônimos de vida.

No psiquismo, portanto, a tensão nunca desaparece totalmente, afirmação esta que pode ser traduzida por: no psiquismo, o prazer absoluto nunca é obtido, uma vez que a descarga absoluta nunca é realizada. Mas, por que a descarga total jamais é atingida e a tensão sempre premente? Por três razões. A primeira, vocês já a conhecem: a fonte psíquica da excitação é tão inesgotável que a tensão é eternamente reativada. A segunda razão concerne ao pólo direito de nosso esquema. O psiquismo não pode funcionar como o sistema nervoso e resolver a excitação através de uma resposta motora imediata, capaz de evacuar a tensão. Não, o psiquismo só pode reagir à excitação através de uma metáfora da ação, uma imagem, um pensamento ou uma fala que represente a ação, e não a ação concreta, que permitiria a descarga completa da energia. No psiquismo, toda resposta é inevitavelmente metafórica, e a descarga inevitavelmente parcial. Do mesmo modo que pusemos no pólo esquerdo o representante psíquico da pulsão (excitação pulsional contínua), colocamos no pólo direito o representante psíquico de uma ação. Por isso, o aparelho psíquico permanece submetido a uma tensão irredutível: na porta de entrada, o afluxo das excitações é constante e excessivo; na saída, há apenas um simulacro de resposta, uma resposta virtual que implica uma descarga parcial. A energia psíquica é compacta na entrada e destilada na saída.

Mas há ainda uma terceira razão, a mais importante e mais interessante para nós, que explica por que o psiquismo está sempre sob tensão. Ela consiste na intervenção de um fator decisivo, que Freud denomina de *recalcamento*. Antes de explicar o que é o recalcamento, convém eu esclarecer que entre o representante-excitação (pólo esquerdo) e o representante-ação (pólo direito) estende-se uma rede de muitos outros representantes, que tecem a trama de nosso aparelho psíquico. A energia que aflui e circula da esquerda para a direita, da excitação para a descarga, atravessa necessariamente essa rede intermediária. Entretanto, a energia não circula da mesma maneira através de todos os representantes da rede (*Figura 2*).

Se desenharmos o recalcamento como uma barra que separa nosso esquema em duas partes, a rede intermediária ficará assim dividida: alguns representantes, que reunimos como um grupo majoritário, situado à esquerda da barra, são muito carregados de energia e se conectam de tal modo que formam o caminho mais curto e mais rápido para tentar chegar à descarga. Às vezes, organizam-se à maneira de um cacho e fazem toda a energia confluir para um único representante (condensação); outras vezes, ligam-se um atrás do outro, em fila indiana, para deixar a energia fluir com mais facilidade (deslocamento).[1]

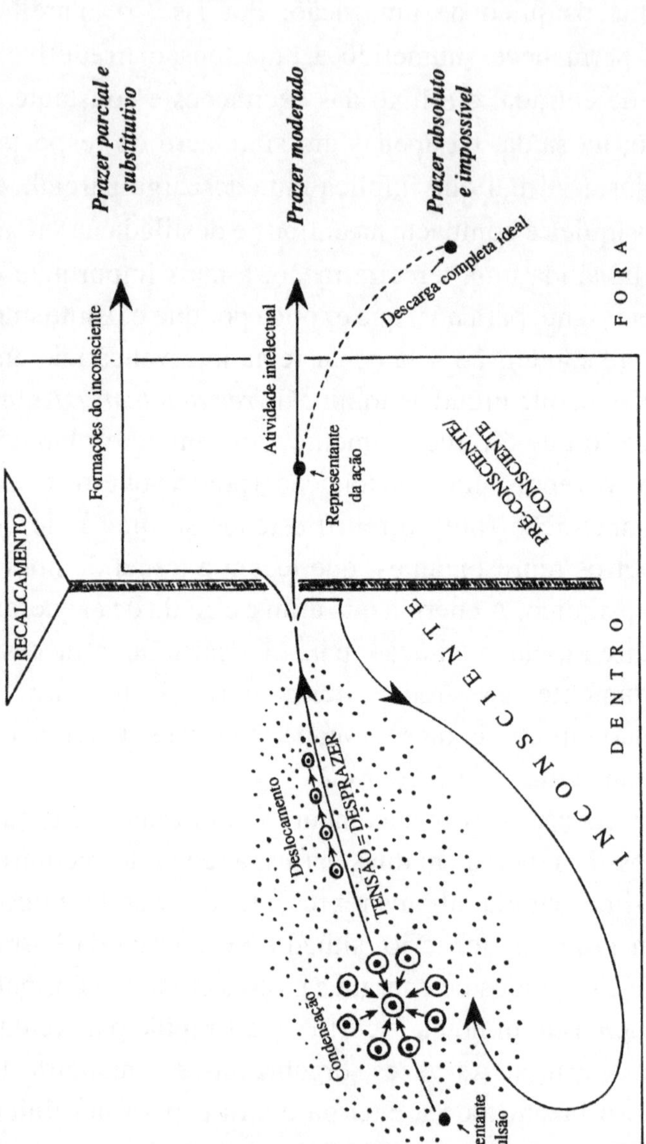

FIGURA 2.

Esquema do arco reflexo aplicado ao funcionamento do psiquismo

Alguns outros representantes da rede — que reuniremos como um grupo mais restrito, situado à direita da barra — são igualmente carregados de energia e também procuram livrar-se dela, mas numa descarga lenta e controlada. Estes últimos se opõem à descarga rápida, pretendida pelo primeiro grupo majoritário de representantes. Instaura-se, portanto, um conflito entre esses dois grupos: um deles, o da esquerda, que quer de imediato o prazer de uma descarga total — o prazer é aqui soberano —; e outro grupo, o da direita, que se opõe a essa loucura, lembra as exigências da realidade e incita à moderação — a realidade é aqui soberana. Enquanto o princípio que rege esse grupo majoritário de representantes chama-se *Princípio de prazer-desprazer*, aquele que governa o segundo grupo minoritário de representantes se chama *Princípio de realidade*.

O primeiro grupo constitui o *sistema inconsciente*, que tem por missão, portanto, escoar a tensão o mais depressa possível para tentar atingir a descarga total e, implicitamente, o prazer absoluto. Esse sistema tem as seguintes características: compõe-se exclusivamente de uma pluralidade de representantes pulsionais, e Freud os denomina de “representações inconscientes”. Essas representações, ele também as chama “representações de coisa”, por elas consistirem em imagens (acústicas, visuais ou tácteis) de coisas ou de pedaços de coisa impressas no inconsciente. As representações de coisa são de natureza principalmente visual e fornecem a matéria com que se moldam os sonhos e, em especial, as fantasias. Acrescentemos que essas imagens ou traços mnêmicos só são denominados de "representações" sob a condição de estarem investidos de energia. Por isso, um representante psíquico é a conjunção de um traço imajado (um traço deixado pela inscrição de fragmentos de coisas ou acontecimentos reais) com a energia que reaviva esse traço.

As representações inconscientes de coisa não respeitam as coações da razão, da realidade ou do tempo — o inconsciente não tem idade. Elas atendem a uma única exigência: buscar instantaneamente o prazer absoluto. Para esse fim, o sistema inconsciente funciona segundo os mecanismos de condensação e deslocamento, destinados a favorecer uma circulação fluida e rápida da energia. A energia é chamada *livre*, uma vez que circula com toda a mobilidade e com poucos entraves na rede inconsciente.

O segundo grupo de representantes também constitui um sistema, o sistema *pré-consciente/consciente*. Esse grupo busca igualmente o prazer, mas, diferindo do inconsciente, tem por missão redistribuir a energia — energia *ligada* — e escoá-la lentamente, seguindo as indicações do Princípio de realidade.

Esta energia é dita "ligada" pois ela investe especificamente uma representação consciente. É o caso da energia que significa o esforço sustentado de uma intensa atividade intelectual. Os representantes dessa rede são chamados "representações pré-conscientes e representações conscientes". As primeiras são representações de palavra; elas abarcam diferentes aspectos da palavra, como sua imagem acústica ao ser pronunciada, sua imagem gráfica ou sua imagem gestual de escrita. Quanto às representações conscientes, cada uma é composta de uma representação de coisa agregada à representação da palavra que designa essa coisa. A imagem acústica de uma palavra, por exemplo "maçã", associa-se à representação visual da coisa (o fruto maçã) para lhe conferir um nome, marcar sua qualidade específica e, assim, torná-la consciente. Sejamos claros. A representação de coisa é inconsciente — como dissemos — quando não há representação de palavra que se associe a ela e designe a coisa; e é consciente quando, ao contrário, uma representação de palavra vem se ligar a ela. A imagem de uma maçã pode errar no inconsciente se nenhuma palavra vier designá-la, mas basta que a palavra "maçã" apareça para que tenhamos uma idéia consciente desse fruto. O que é a consciência senão uma idéia fixa, esmiuçada e animada por uma palavra?

Reforcemos: os dois sistemas buscam a descarga, ou seja, o prazer; mas, enquanto o primeiro tende ao prazer absoluto e obtém apenas, como veremos, um prazer parcial, o segundo, por sua vez, visa obter e obtém um prazer moderado.

*

Isto posto, podemos agora perguntar-nos: o que é o recalcamento, isto é, o que é essa barra vertical que separa os dois grupos? Dentre as definições possíveis, proporei a seguinte: o recalcamento é um adensamento de energia, uma chapa energética que impede a passagem dos conteúdos inconscientes para o pré-consciente. Ora, essa barreira não é infalível: alguns conteúdos inconscientes e recalcados vão adiante, irrompem abruptamente na consciência, sob forma disfarçada, e surpreendem o sujeito, incapaz de identificar sua origem inconsciente. Eles aparecem na consciência, portanto, mas permanecem incompreensíveis para o sujeito, que os vive freqüentemente sob angústia. Tomemos o caso de uma jovem que sofre de uma fobia das aranhas. Conscientemente, ela se angustia à vista do inseto ameaçador sem compreender que a aranha tão temida é o substituto deformado de um aspecto do pai desejado, por meio de suas mãos aveludadas. A representação inconsciente e incestuosa do amor pelo pai atravessou a barreira do recalcamento disfarçando-se em representação consciente de angústia das aranhas.

Essas exteriorizações deturpadas do inconsciente conseguem assim descarregar uma parte da energia pulsional, descarga esta que proporciona apenas um prazer *parcial* e *substitutivo*, comparado ao ideal perseguido de uma satisfação completa e imediata, que seria obtida por uma hipotética descarga total. A outra parte da energia pulsional, a que não transpõe o recalcamento, continua confinada no inconsciente e realimenta sem cessar a tensão penosa. Observemos que esse prazer deve ser compreendido como uma descarga, mesmo que essa descarga assuma a forma de um sofrimento ou de uma angústia como no caso da fobia das aranhas.

Tínhamos dito que o aparelho psíquico tem por função reduzir a tensão e provocar a descarga de energia. Sabendo, agora, que a estimulação endógena é ininterrupta, que a resposta é sempre incompleta, e que o recalcamento aumenta a tensão e a obriga a buscar expressões deturpadas, podemos concluir, portanto, que existem diferentes tipos de descarga proporcionadores de prazer:

- Uma *descarga hipotética, imediata e total*, completamente *hipotética*, que, se tivesse oportunidade, provocaria um prazer absoluto. Essa descarga plena é calcada na descarga da tensão quando de uma resposta motora do corpo. Ora, para o psiquismo, como sabemos, essa solução ideal é impossível. Todavia, quando abordarmos o tema da sexualidade, veremos como esse ideal de um prazer absoluto mantém-se como objetivo inacessível das pulsões sexuais.
- Uma *descarga mediata e controlada* pela atividade intelectual (pensamento, memória, juízo, atenção etc.), que proporciona um prazer moderado.
- E, por fim, uma *descarga mediata e parcial*, obtida quando a energia e os conteúdos do inconsciente transpõem a barreira do recalcamento. Essa descarga gera um prazer parcial e substitutivo, inerente às formações do inconsciente.

Esses três tipos de prazer, absoluto, moderado e parcial, estão representados na *Figura 2*, na página 22.

*

Antes de retomarmos e resumirmos nosso esquema do funcionamento psíquico, convém fazer alguns esclarecimentos importantes no que concerne à significação da palavra "prazer", de um lado, e à função do recalcamento, de outro. A propósito do prazer, assinalemos que a satisfação parcial e substitutiva ligada às formações do inconsciente (terceiro tipo de descarga) não é necessariamente sentida pelo sujeito como uma sensação agradável de prazer. Muitas vezes, sucede até essa satisfação ser vivida, paradoxalmente, como um desprazer, ou até como um sofrimento suportado por um sujeito que esteja às voltas com sintomas neuróticos ou conflitos afetivos. Mas, sendo assim, por que empregar o termo prazer para qualificar o caráter doloroso da manifestação de uma pulsão na consciência? Acabamos de apresentar o exemplo da fobia das aranhas que, considerada do ponto de vista do inconsciente é prazer, uma vez que alivia a tensão insuportável de um conflito incestuoso, e que considerada do ponto de vista da consciência é uma angústia dolorosa. É que, a rigor, a noção freudiana de prazer deve ser entendida no sentido econômico de "baixa da tensão". É o sistema inconsciente que, através de uma descarga parcial, encontraria prazer em aliviar sua tensão. Por isso, diante de um sintoma que causa sofrimento, devemos discernir claramente o *sofrimento* experimentado pelo paciente e o *prazer* não sentido, conquistado pelo inconsciente.

Passemos agora ao papel do recalcamento e levantemos o seguinte problema: por que tem que haver recalcamento?

Por que é preciso que o eu se oponha às solicitações de uma pulsão que apenas pede para se satisfazer e, desse modo, liberar a tensão desprazerosa que reina no inconsciente? Por que barrar a descarga liberadora da pressão inconsciente? Por que impedir o alívio de uma tensão penosa? Qual é a finalidade do recalcamento? O objetivo do recalcamento é evitar o risco extremo que o eu correria ao satisfazer inteiramente e diretamente a exigência pulsional. Com efeito, a satisfação imediata e total da pressão pulsional destruiria, por seu descomedimento, o equilíbrio do aparelho psíquico. Existem, pois, duas espécies de satisfações pulsionais. Uma, total e hipotética, que o eu idealiza como um prazer absoluto, mas evita — graças ao recalcamento — como um excesso destrutivo[2]. A outra satisfação é uma satisfação parcial, moderada e isenta de perigos, que o eu tolera.

*

Podemos agora resumir, numa palavra, o esquema lógico que perpassa em filigrana a obra de Freud e, assim fazendo, definir o inconsciente. Reportemo-nos à *Figura 3* e formulemos a pergunta: como funciona o psiquismo?

O essencial da lógica do funcionamento psíquico, considerado do ponto de vista da circulação da energia, resume-se, pois, em quatro tempos:

Primeiro tempo: excitação contínua da fonte e movimentação da energia à procura de uma descarga completa, nunca atingida → *Segundo tempo*: a barreira do recalcamento opõe-se ao movimento da energia → *Terceiro tempo*: a parcela de energia que não transpõe a barreira fica confinada no inconsciente e reativa a fonte de excitação → *Quarto tempo*: a parcela de energia que transpõe a barreira do recalcamento exterioriza-se sob a forma do prazer parcial inerente às formações do inconsciente.

Quatro tempos, portanto: a pressão constante do inconsciente, o obstáculo que se opõe a ele, a energia que resta e a energia que passa. É esse o esquema que eu gostaria de lhes propor, pedindo-lhes que o ponham à prova em sua leitura dos textos freudianos. Talvez vocês constatem o quanto Freud raciocina de acordo com essa lógica essencial dos quatro tempos: o que empurra, o que detém, o que resta e o que passa[3].

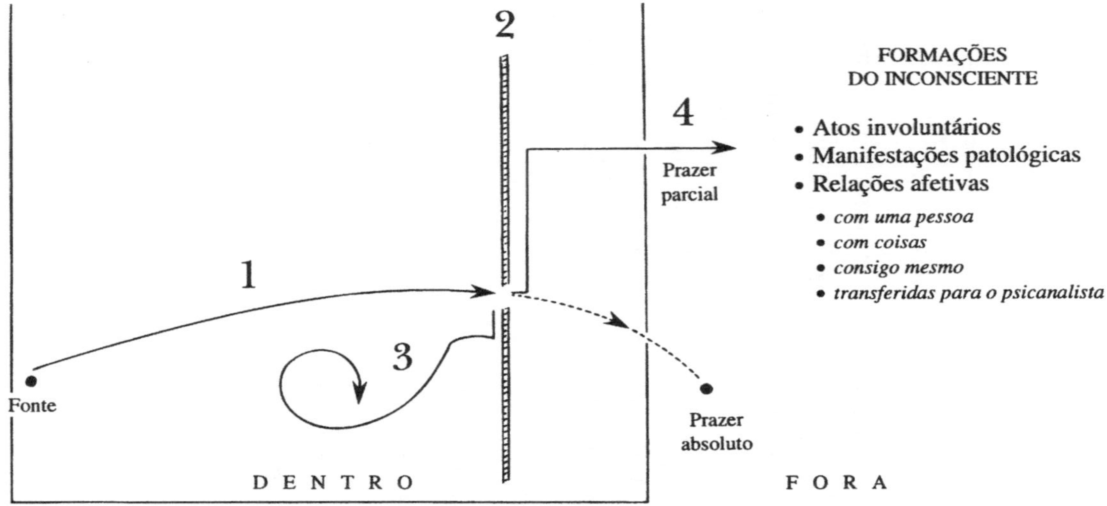

FIGURA 3.

Esquema dos 4 tempos do funcionamento psíquico

1. Movimento contínuo da energia em direção ao prazer absoluto.
2. Barra do recalcamento que se opõe à movimentação da energia.
3. Energia que não transpõe a barra do recalcamento e dá início a uma nova excitação.
4. Energia que transpõe a barra do recalcamento e se exterioriza sob a forma do prazer parcial inerente às formações do inconsciente.

Definições do inconsciente

Abordemos agora o inconsciente conforme os diferentes pontos de vista estabelecidos por Freud, levando em conta os vocábulos particulares que designam os dois extremos do esquema: a fonte de excitação (*tempo 1*) e as formações exteriores do inconsciente (*tempo 4*). Cada uma dessas extremidades assume um nome diferente, conforme a perspectiva e a terminologia com que Freud define o inconsciente.

Definição do inconsciente do ponto de vista descritivo

Se considerarmos o inconsciente de fora, isto é, do ponto de vista descritivo de um observador, como eu mesmo, por exemplo, diante de minhas próprias manifestações inconscientes ou das manifestações provenientes do inconsciente do outro, perceberemos apenas os produtos [*rejetons*]. O inconsciente em si continua suposto como um processo obscuro e incognoscível subjacente a essas manifestações. Um sujeito comete um lapso, por exemplo, e logo concluímos: "Seu inconsciente está falando." Mas nada explicamos sobre o processo subjacente a esse ato; o inconsciente enquanto tal permanece desconhecido para nós.

Assim sendo, como referenciar as manifestações do inconsciente? Dentre a infinita variedade das expressões e dos comportamentos humanos, quais identificar como manifestações do inconsciente? Quando podemos afirmar: aqui há inconsciente? As formações do inconsciente apresentam-se diante de nós como atos, falas ou imagens inesperados, que surgem abruptamente e transcendem nossas intenções e nosso saber consciente. Esses atos podem ser condutas corriqueiras, como, por exemplo, os atos falhos, os esquecimentos, os sonhos, ou mesmo o aparecimento repentino desta ou daquela idéia, ou a invenção improvisada de um poema ou de um conceito abstrato, ou ainda certas manifestações patológicas que fazem sofrer, como os sintomas neuróticos ou psicóticos. Mas, sejam eles normais ou patológicos, os produtos do inconsciente são sempre atos surpreendentes e enigmáticos para a consciência do sujeito e para a do psicanalista. A partir desses produtos observáveis, supomos a existência de um processo inconsciente, obscuro e ativo, que atua em nós sem que o saibamos. Estamos, no que tange ao inconsciente, diante de um fenômeno que se consuma independentemente de nós e que, no entanto, determina aquilo que somos. Na presença de um ato não intencional, postulamos a existência do inconsciente, não apenas como o processo que causa esse ato, mas também como a essência mesma do psiquismo, o psiquismo em si. O consciente, portanto, seria apenas um epifenômeno, um efeito secundário do processo psíquico inconsciente. "Convém ver no inconsciente", diz-nos Freud, "a base de toda a vida psíquica. O inconsciente assemelha-se a um grande círculo que encerrasse o consciente como um círculo menor [...]. O inconsciente é o psíquico em si e sua realidade essencial."[4]

Definição do inconsciente do ponto de vista sistemático

Já definimos o inconsciente como um sistema ao abordarmos a estrutura da rede das representações. Nessa perspectiva, a fonte de excitação chama-se *representação de coisa*, e os produtos finais são *manifestações deturpadas do inconsciente*. O sonho é o melhor exemplo disso.

Definição do inconsciente do ponto de vista dinâmico. O conceito de recalcamento

A teoria do recalcamento
é o pilar sobre o qual repousa
o edifício da psicanálise.
S. FREUD

Se agora definirmos o inconsciente do ponto de vista dinâmico, isto é, do ponto de vista da luta entre a moção que impulsiona e o recalcamento que resiste, a fonte de excitação receberá o nome de *representantes recalcados*, e as produções finais corresponderão a escapadas dissimuladas do inconsciente subtraídas à ação do recalcamento.[5] Esses derivados mascarados do recalcado chamam-se *retornos do recalcado, produtos do recalcado*, ou ainda, *produtos do inconsciente*. Produtos, no sentido de jovens brotos do inconsciente, que, a despeito da capa do recalcamento, eclodem disfarçados na superfície da consciência. Os exemplos mais freqüentes desses produtos deformados do recalcado são os sintomas neuróticos. Lembro-me de um analisando que, ao volante de seu carro, foi subitamente assaltado pela imagem obsedante de uma cena em que se via deliberadamente atropelando uma mulher idosa que atravessava a rua. Essa idéia fixa, repetitiva, que o fazia sofrer e que, muitas vezes, o impedia de utilizar seu veículo, revelou, no correr da análise, ser o produto consciente e dissimulado do amor incestuoso e inconsciente que ele sentia por sua mãe. Assim, a representação inconsciente "amor incestuoso" transpôs a barra do recalcamento e transformou-se em seu contrário, ou seja, numa imagem obsedante de um impulso assassino contra uma mãe encarnada na realidade por uma velha atravessando a rua.

Note-se que essas aparições conscientes do recalcado inconsciente, esses retornos do recalcado, podem ser igualmente concebidos como soluções de compromisso no conflito que opõe o impulso do recalcado em direção à consciência e o recalcamento que resiste. "Solução de compromisso" significa que o retorno do recalcado é uma mistura que se compõe, em parte, do recalcado inconsciente que transpôs a barra do recalcamento e, em parte, de um elemento consciente que o mascara. Em outras palavras, o retorno do recalcado é um disfarce consciente do recalcado, porém incapaz, apesar disso, de mascará-lo por completo. Assim, em nosso exemplo, a figura da vítima, encarnada pela velha, deixava transparecer, sob os traços de uma mulher idosa, a figura recalcada da mãe. Outra ilustração dos traços visíveis do recalcado no retorno do recalcado foi-nos proposta por Freud, quando ele comentou uma célebre gravura de Félicien Rops. Nela, o artista figurou a situação de um asceta que, para rechaçar a tentação da carne (o recalcado), refugiou-se aos pés da Cruz (recalcamento) e viu surgir, horrorizado, a imagem de uma mulher nua, crucificada (retorno do) no lugar de Cristo. O retorno do recalcado, nesse caso, foi um compromisso entre a mulher nua (parte visível do recalcado) e a cruz que a sustentava (recalcamento).

Por outro lado, acrescentemos que os produtos do inconsciente, uma vez chegados à consciência, podem sofrer uma nova contra-ofensiva do recalcamento, que os manda de volta para o inconsciente (*o chamado recalcamento secundário ou recalcamento a posteriori*). Vê-se aqui a flexibilidade da intervenção da barra do recalcamento, capaz não apenas de impedir compactamente a passagem global dos elementos provenientes do inconsciente, como também capaz de interpelar, um a um, elementos fugitivos isolados que já forçaram a barragem.

Resta dizermos uma palavra para justificar a definição de recalcamento que propusemos anteriormente como sendo uma chapa de energia que impede a passagem dos conteúdos inconscientes para o pré-consciente.* Com efeito, Freud nunca renunciou a considerar o recalcamento como um jogo complexo de movimentos de energia. Um jogo destinado, de um lado, a conter e fixar nos recônditos do inconsciente as representações recalcadas, e de outro, a reconduzir ao inconsciente as representações fugitivas que chegam ao pré-consciente ou à consciência, depois de haverem burlado a vigilância do recalcamento. Por isso, Freud distinguiu dois tipos de recalcamento: um *recalcamento primário*, que contém e fixa as representações recalcadas no solo do inconsciente, e um *recalcamento secundário*, que recalca — no sentido literal de fazer retroceder — no sistema inconsciente os produtos pré-conscientes do recalcado.

* Os "elementos recalcados" que atravessam a barreira do recalcamento podem ser a representação, munida de sua carga energética, ou então (o que Freud privilegiou) apenas a carga, desligada de sua representação. Mais adiante, examinaremos a primeira eventualidade, a da passagem para o consciente da representação investida de sua carga. Quanto à segunda eventualidade, a da passagem apenas da carga, Freud vislumbrou quatro destinos possíveis: permanecer inteiramente recalcada; atravessar a barreira do recalcamento e se comutar em angústia fóbica; atravessar a barreira e se converter em distúrbios somáticos na histeria; ou, ainda, atravessar a barra e se transformar em angústia moral, na obsessão.

O recalcamento primário, o mais primitivo, é não apenas uma fixação das representações recalcadas no solo do inconsciente, como também um tapume energético que o pré-consciente e o consciente erguem contra a pressão de energia livre oriunda do inconsciente. Esse tapume é chamado "contra-investimento", ou seja, um investimento contrário que o sistema Pré-consciente/Consciente opõe às tentativas de investimento da pressão inconsciente.

O segundo tipo de recalcamento, cujo objetivo é restituir o produto a seu lugar de origem, é também um movimento de energia, porém mais complexo. Em essência, ele se resume nas seguintes operações, centradas em torno do produto consciente ou pré-consciente do recalcado:

- Primeiro, retirada da carga pré-consciente/consciente de energia ligada que o produto havia adquirido enquanto estava no pré-consciente ou no consciente.
- Uma vez desprendido de sua carga pré-consciente/consciente e vendo reativada sua antiga carga inconsciente, o produto fragilizado é atraído, como que imantado, pelas outras representações fixadas no sistema inconsciente pelo recalcamento primário. O produto fugitivo retorna então ao âmago do inconsciente.

Definição do inconsciente do ponto de vista econômico

Se, desta vez, definirmos o inconsciente do ponto de vista econômico, aquele que adotamos para desenvolver nosso esquema do funcionamento psíquico, a fonte de excitação se chamará *representante das pulsões*, e as produções finais do inconsciente serão *fantasias*, ou, mais exatamente, comportamentos afetivos e escolhas amorosas espontâneos, escorados em fantasias. Explicarei dentro em pouco a natureza dessas fantasias, mas antes é preciso ser mais preciso quanto à sua localização em nosso esquema, que levanta o seguinte problema. As fantasias podem não apenas aparecer na consciência e nos comportamentos cotidianos — como acabamos de dizer —, sob a forma, por exemplo, de vínculos afetivos espontâneos, ou, mais particularmente, como devaneios diurnos e formações delirantes; elas podem também permanecer enfurnadas e recalcadas no inconsciente. Mas as fantasias podem ainda desempenhar o papel de defesas do eu contra a pressão inconsciente. Ou seja, uma fantasia tanto pode assumir o papel de um produto do recalcado, de um conteúdo inconsciente recalcado, ou ainda de uma defesa recalcante. Em nosso esquema, localizamos a fantasia tanto aquém da barra do recalcamento (*tempo 1*) quanto no nível da barra (*tempo* 2), ou ainda além da barra (*tempo 4*).

Definição do inconsciente do ponto de vista ético

Se, por fim, definirmos o inconsciente do ponto de vista ético, iremos chamá-lo de desejo. O que é o desejo? O desejo é o inconsciente considerado do ponto de vista da sexualidade, isto é, do ponto de vista do prazer sexual. Voltarei adiante sobre o desejo, a sexualidade e o prazer sexual, mas é preciso que eu adiante uma primeira definição do desejo, para fazê-los compreender o estatuto ético do inconsciente. O que é então desejo? É uma pulsão da qual não temos consciência, que teria por objetivo ideal o prazer absoluto em um relação incestuosa. O desejo é o inconsciente em busca do incesto. Insisto em que esse incesto é um objetivo ideal, puramente mítico e sem nenhuma relação com as relações incestuosas patológicas e proibidas pela lei que podem se produzir em uma família. Não, o incesto de que falamos é, ao contrário, o objetivo último e universal do desejo humano. Bem antes da psicanálise, sabia-se que as sociedades humanas eram organizadas em torno do interdito do incesto, mas com a psicanálise compreendemos que o interdito do incesto é o avesso indissociável do desejo inconsciente de incesto. Eis o que gostaria de transmitir-lhes: visto sob o ângulo do inconsciente, o incesto é a coisa mais desejada, o valor supremo de um soberano. Bem que orienta e decide da vida de cada um dos sujeitos desejantes que somos. Pois bem, o estatuto ético do inconsciente se resume no fato de que é um desejo movido pelo soberano Bem que seria o gozo incestuoso.

*

Depois de mostrar o funcionamento do aparelho psíquico segundo a lógica de um esquema espacial, eu lhes propus uma visão descritiva, sistemática, dinâmica, econômica e ética do inconsciente. Mas todas essas abordagens estariam incompletas se não inscrevêssemos nosso aparelho no fio do tempo e não o incluíssemos no universo do outro. Dois fatores emolduram a vida psíquica: o tempo e os outros (*Figura 4*). O tempo, primeiramente, pois o funcionamento psíquico não pára de se renovar ao longo de toda a história de um sujeito, a ponto de escapar à mensuração do tempo. O inconsciente é extratemporal, ou seja, é perpétuo no tempo histórico. Silencioso aqui, ele reaparece ali e não definha nunca. É só tentar fazê-lo calar-se para que ele reviva prontamente, voltando a desabrochar em novas manifestações. Por isso, seja qual for a idade, o inconsciente continua a ser um processo irreprimivelmente ativo e inesgotável em suas produções. Quer vocês tenham dois dias de vida ou 83 anos, ele persevera em seu ímpeto e sempre consegue fazer-se ouvir.*

Mas devemos ainda compreender que a vida psíquica está imersa no mundo dos outros, no mundo daqueles a quem estamos ligados pela linguagem, por nossas fantasias e nossos afetos. Nosso psiquismo prolonga, necessariamente, o psiquismo do outro com quem nos relacionamos. As fontes de nossas excitações são os vestígios deixados

* O movimento do inconsciente excitação → descarga pode também ser visto como a tendência do inconsciente em se fazer ouvir como um Outro que fala em nós e surpreende-nos. Jacques Lacan resumiu bem essa particularidade do inconsciente numa fórmula célebre: "Isso fala."

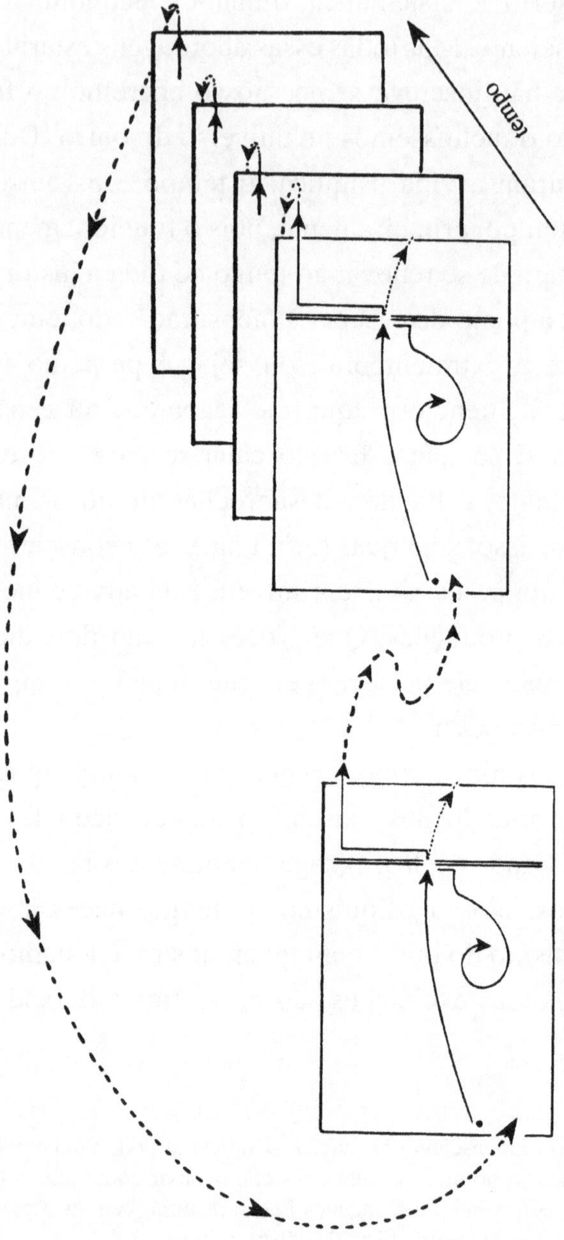

FIGURA 4.
As produções do inconsciente do outro estimulam as fontes de meu inconsciente.
E minhas próprias produções estimulam as fontes do inconsciente do outro.

em nós pelo impacto do desejo do outro, daquele ou daqueles que nos têm por objeto de seu desejo. É como se a seta do *tempo 4* do esquema do aparelho psíquico do outro estimulasse a fonte de excitação de nosso próprio aparelho. E como se, reciprocamente, nossas produções estimulassem, por sua vez, a fonte de excitação do outro. De fato, existe apenas uma única corrente de desejo que circula e liga os dois parceiros da relação desejante.*

* Encontramos aqui, em termos energéticos, minha tese sobre a existência, no seio da relação analítica, de um inconsciente único que liga e envolve os dois parceiros analíticos. Não existe um inconsciente que seria próprio do analista e um outro próprio do analisando, mas *apenas um único inconsciente* produzido no momento mesmo em que um acontecimento transferencial sobrevém na sessão. Essa tese, que data de 1977, foi desenvolvida em meu livro *Os olhos de Laura. Tranferência, objeto a e topologia na teoria de J. Lacan*, Porto Alegre, Artes Médicas.

O sentido sexual de nossos atos

Estamos agora em condições de formular a premissa fundadora da psicanálise. Nossos atos involuntários, aqueles que nos escapam, não somente são determinados por um processo inconsciente, mas sobretudo têm um sentido. Eles significam algo diferente daquilo que exprimem à primeira vista. Antes de Freud, os atos falhos passavam por atos anódinos e desprezíveis, ao passo que hoje em dia encontrar um sentido para as condutas e as palavras que nos escapam tornou-se um reação banal. Basta alguém cometer um lapso para logo sorrir ou, quem sabe, às vezes corar, considerando-se traído pela revelação de um desejo, de um sentido até então velado.

Mas o que é um sentido? Qual o sentido de um ato involuntário? A significação de um ato involuntário reside no fato de ele ser o substituto de um ato ideal, de uma ação impossível que, em termos absolutos, deveria ter-se produzido, mas não ocorreu. Quando o psicanalista interpreta e desvenda a significação oculta de um sonho, por exemplo, que faz ele senão mostrar que o ato espontâneo que é o sonho é o substituto de um outro ato que não veio à tona, que aquilo que *é* é o *substituto* daquilo que *não foi realizado*? Vamos adiante. Um ato espontâneo é um acontecimento que guarda um sentido. Mas o que é preciso fazer para revelar esse sentido oculto? Pois bem, é preciso que o analista, ou mesmo a analisando, vincule o dito acontecimento a outros acontecimentos antigos, que o inscreva em uma história e o considere o substituto atual de um acontecimento passado não realizado, ou até inexistente, insituável no tempo. É justamente a história que confere a um acontecimento atual seu estatuto de ato portador de um sentido. Deixemos bem claro que essa referência do atual ao antigo só tem valor no seio de uma relação humana em que um dos parceiros — o analisando — fala a um outro — o analista — que escuta e inscreve essa fala em uma história.

Coloquemos agora a questão do sentido. O que é então o sentido? É referir o acontecimento de hoje a todos os acontecimentos passados e, para além disso, a um hipotético acontecimento Inicial que jamais ocorreu. O sentido do ato que realizamos inconscientemente se funda no fato de que esse ato substitui a todos os atos passados de nossa história, ou, rigorosamente, a todo primeiro ato ideal na origem de nossa história. Precisemos que esse ato ideal pode ser suposto não apenas como o ponto mais recuado de nossa história, mas também como o ponto mais longínquo, no horizonte. Seja o mais antigo no passado, seja o mais esperado no futuro, o acontecimento ideal constitui o ato não realizado de que todos nossos atos involuntários são substitutos.

Nossos atos involuntários têm um sentido, portanto, produzido por sua substituição por um ideal não realizado.

Mas, como qualificar esse sentido? Qual é o teor do sentido oculto de nossos atos? A resposta a essa pergunta constitui a grande descoberta da psicanálise. Que diz ela? Que a significação de nossos atos falhos é uma significação sexual. Por que sexual? Reportemo-nos à *Figura 6* e vejamos de que natureza é a fonte da tendência pulsional, e de que natureza é o objetivo ideal a que essa tendência aspira, isto é, a ação ideal e impossível que não se deu, e da qual nossos atos são os substitutos. Marquemos então o ponto de partida e o ponto de chegada ideal da linha pulsional. O que constatamos? Que o sentido de nossos atos é um sentido sexual porque a fonte e o objetivo dessas tendências são sexuais. A fonte é um representante pulsional cujo conteúdo representativo corresponde a uma região do corpo muito sensível e excitável, chamada *zona erógena*. Quanto ao objetivo, sempre ideal, é o prazer perfeito de uma ação perfeita, de uma perfeita união entre dois sexos, cuja imagem mítica e universal seria o *incesto*.

*

O conceito psicanalítico de sexualidade

Essas tendências, que nascem em uma zona erógena do corpo, aspiram ao ideal impossível de uma satisfação sexual absoluta, esbarram no recalcamento e, finalmente, exteriorizam-se por atos substitutivos do impossível ato incestuoso* — essas tendências chamam-se pulsões sexuais. As pulsões sexuais são múltiplas, povoam o território do inconsciente, e sua existência remonta a um ponto longínquo de nossa história, desde o estado embrionário, só vindo a cessar com a morte. Suas manifestações mais marcantes aparecem durante os primeiros cinco anos de nossa infância.

Freud decompõe a pulsão sexual em quatro elementos. Deixando de lado a *fonte* de onde ela brota (zona erógena), a *força* que a move e o *objetivo* que a atrai, a pulsão serve-se de um *objeto* por meio do qual tenta chegar a seu objetivo ideal. Esse objeto pode ser uma coisa ou uma pessoa, ora a própria pessoa, ora uma outra, mas é sempre um *objeto fantasiado*, e não real. Isso é importante para compreender que os atos substitutivos através dos quais as pulsões sexuais se exprimem (uma palavra inesperada, um gesto involuntário, ou laços afetivos que não escolhemos) são atos moldados em fantasias e organizados em torno de um objeto fantasiado.

Mas devo ainda acrescentar um elemento essencial que caracteriza essas pulsões, a saber, o prazer particular que

* O leitor de Lacan pensará aqui no célebre aforismo "A relação sexual é impossível" ou ainda "Não existe relação sexual". De acordo com nossas afirmações, ele poderá completar a fórmula da seguinte maneira: "Não existe relação sexual incestuosa, há apenas relações sexuais substitutivas".

elas proporcionam. Não o prazer absoluto que visam, mas o prazer limitado que obtêm: um prazer parcial, qualificado de sexual. Ora, o que é o prazer sexual? E, em termos mais gerais: o que é a sexualidade? Do ponto de vista da psicanálise, a sexualidade humana não se reduz ao contato dos órgãos genitais de dois indivíduos, nem à estimulação de sensações genitais. Não, o conceito de "sexual" reveste-se, em psicanálise, de uma acepção muito mais ampla que a de "genital". Foram as crianças e os perversos que mostraram a Freud a vasta extensão da idéia de sexualidade. Chamamos sexual a toda conduta que, partindo de uma região erógena do corpo (boca, ânus, olhos, voz, pele etc.), e apoiando-se numa fantasia, proporciona um certo tipo de prazer. Que prazer? Um prazer que apresenta dois aspectos. Primeiro, distingue-se nitidamente daquele outro prazer pela satisfação de uma necessidade fisiológica (comer, eliminar, dormir etc.). O prazer de mamar do bebê, por exemplo, seu prazer da sucção, corresponde, do ponto de vista psicanalítico, a um prazer sexual que não se confunde com o alívio de saciar a fome. Alívio e prazer por certo estão associados, mas o prazer sexual de sucção logo se transforma numa satisfação buscada por si mesma fora da necessidade natural. Sem dúvida, a mamada é uma absorção de alimento, mas o bebezinho irá querer continuar a sugar mesmo saciado, descobrindo assim que mamar é em si uma fonte de prazer. Segundo aspecto: o prazer sexual — bem distinto, portanto, do prazer orgânico —, polarizado em torno de uma zona erógena, obtido graças à mediação de um objeto fantasiado (e não de um objeto real), é encontrado entre os diferentes prazeres das preliminares ao coito em si (prazer de olhar, de se mostrar, de acariciar, de sentir o cheiro do outro etc.). Para conservar nosso exemplo, o prazer de sucção do bebê irá prolongar-se na vida adulta como prazer preliminar de abraçar o corpo do ser amado. Se devêssemos resumir a passagem do prazer orgânico para o prazer sexual, diríamos: prazer orgânico de beber o leite maternal → prazer sexual de mamar o seio → prazer sexual de chupar o polegar ou a teta → prazer sexual de abraçar o corpo do amado. Vê-se bem por que os psicanalistas condensam todas essas etapas e concluem simplesmente dizendo que o seio materno é nosso primeiro objeto sexual.

Necessidade, desejo e amor

Para melhor situar a diferença entre prazer orgânico e prazer sexual, detenhamo-nos por um instante e definamos com clareza as noções de necessidade, desejo e amor. A *necessidade* é a exigência de um órgão cuja satisfação se dá, realmente, com um objeto concreto (o alimento, por exemplo), e não com uma fantasia. O prazer de bem-estar proveniente daí nada tem de sexual. O *desejo*, em contrapartida, é uma expressão da pulsão sexual, ou melhor, é a própria pulsão sexual, quando esta respeita duas condições: primeiro, o objetivo é o absoluto do incesto, e o meio de

	NECESSIDADE
TENDÊNCIA	Tendência orgânica
ZONA CORPORAL	Zona orgânica
EXCITAÇÃO CORPORAL	Excitação pontual
OBJETIVO	Autoconservação
MEIO (OBJETO)	Objeto real (alimento por ext.)
PRAZER OBTIDO	Prazer da saciação
O OUTRO	Um exemplo do Outro da necessidade: a mãe alimentadora

FIGURA 5.
Diferença entre Necessidade, Desejo e Amor

DESEJO	*AMOR*
Tendência cujo objetivo é o incesto, e o objeto, a fantasia do corpo desejante do outro	Tendência cujo objetivo é a fusão com o amado
Zona erógena definida	Zona erógena indefinida
Excitação contínua	Os excitantes são símbolos e imagens
Objetivo ideal: o incesto	Objetivo ideal: fundir com o amado
Objeto: fantasia do corpo desejante do outro	Objeto imaginário: meu semelhante idealizado
Prazer sexual limitado	Prazer sexual sublimado
Um exemplo do Outro do desejo: a mãe desejante e desejada	Um exemplo do Outro do amor: a mãe ideal

aí chegar é o corpo excitado de um outro que seja. Sejamos claros: uma pulsão pode ser considerada um desejo quando o objeto do qual ela se serve para se satisfazer é o corpo de uma pessoa que, ela também, deseja. Digamos então que, diferentemente da necessidade, o desejo nasce de uma zona erógena de meu corpo e que, diferentemente dos outros tipos de pulsões, se satisfaz parcialmente com uma fantasia cujo objeto é o corpo excitado de um outro desejante. Assim, o apego ao outro desejado equivale ao apego a um objeto fantasiado, polarizado em torno de uma zona erógena situada no corpo do outro (boca, seio, ânus, vagina, pênis, pele, olhar, olfação etc.). Finalmente, o *amor* é também um apego ao outro, mas de maneira global e sem o suporte de uma zona erógena definida. Esses três estados, naturalmente entendido, imbricam-se e se confundem em toda relação amorosa *(Figura 5).*

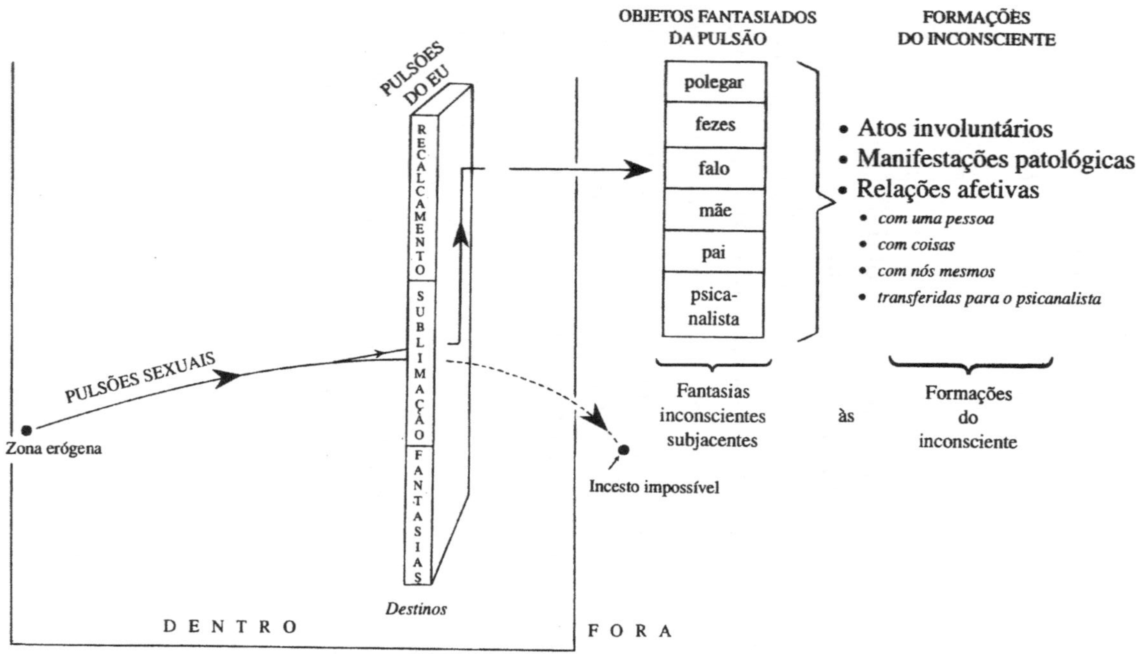

FIGURA 6.

As pulsões sexuais, seus 3 principais destinos (recalcamento, sublimação, fantasia) e suas exteriorizações

Os três principais destinos das pulsões sexuais: recalcamento, sublimação e fantasia. O conceito de narcisismo

Nós havíamos dito que o prazer obtido pelas pulsões sexuais era apenas um prazer limitado. Seja. Mas por que "limitado"? E também, por que as pulsões sexuais se contentam com objetos fantasiados e não com objetos concretos e reais? Para responder, reportemo-nos à *Figura 6*. Vemos aí as pulsões sexuais obterem apenas um prazer limitado, pois é o único prazer que puderam desfrutar com autoridade depois de terem se desvencilhado das defesas do eu. Que defesas? Em primeiro lugar, o recalcamento. Ora, o recalcamento é também, à sua maneira, uma força ou, melhor ainda, uma pulsão do eu. Isso significaria que há dois grupos de pulsões opostas: o grupo das pulsões que tendem à descarga — pulsões sexuais — e o grupo das pulsões que se opõem a isso — pulsões do eu —? Sim, é justamente a primeira teoria das pulsões proposta por Freud no início de sua obra antes de introduzir o conceito de narcisismo em 1914. Logo veremos qual é a segunda teoria — complementar à primeira — formulada a partir dessa data, mas por ora distingamos duas tendências pulsionais antagônicas: as pulsões sexuais recalcadas e as pulsões do eu recalcantes. As primeiras buscam o prazer sexual absoluto, ao passo que as segundas a isso se opõem. O resultado desse conflito consiste precisamente nesse prazer derivado e parcial que chamamos prazer sexual.

*

Se vocês houverem se assenhoreado da lógica em quatro tempos do funcionamento psíquico, facilmente admitirão que o destino das pulsões sexuais é sempre o mesmo: elas estão condenadas a se deparar sempre, no caminho de seu objetivo ideal, com a oposição das pulsões do eu, isto é, com o obstáculo do recalcamento. Mas, além do recalcamento, o eu opõe duas outras obstruções às pulsões sexuais: a sublimação e a fantasia.

A sublimação

O primeiro desses entraves consiste em desviar o trajeto da pulsão, *mudando seu objetivo*; essa manobra é chamada sublimação e reside na substituição do objetivo sexual ideal (incesto) por um outro objetivo, não sexual, de valor social. As realizações culturais e artísticas, as relações de ternura entre pais e filhos, os sentimentos de amizade e os laços sentimentais do casal são, todos eles, expressões sociais das pulsões sexuais desviadas de seu objetivo virtual. A amizade, por exemplo, é alimentada por uma pulsão sexual desviada em direção a um objetivo social.

A fantasia

A outra barreira imposta pelo eu é mais complicada, porém a compreensão de seu mecanismo nos permitirá explicar por que os objetos com que a pulsão obtém prazer sexual são objetos fantasiados, e não reais. Esse outro obstáculo que o eu opõe às pulsões sexuais consiste não numa mudança de objetivo, como foi o caso da sublimação, mas numa *mudança de objeto*. No lugar de um objeto real, o eu instala um objeto fantasiado, como se, para deter o ímpeto da pulsão sexual, o eu contentasse a pulsão enganando-a com a ilusão de um objeto fantasiado.

Mas como o eu consegue realizar esse truque? Pois bem, para transformar o objeto real num objeto fantasiado, ele precisa, primeiro, incorporar dentro de si o objeto real até transformá-lo em fantasia. Tomemos um exemplo e decomponhamos artificialmente esse estratagema do eu em seis etapas.

1. Imaginemos uma relação afetiva com alguém que nos atraia. Suponhamos que essa pessoa seja o objeto real em direção ao qual a pulsão sexual se orienta.

2. Nós (isto é, o eu) freqüentamos essa pessoa até incorporá-la pouco a pouco dentro de nós e transformá-la em uma parte de nós mesmos.

3. Agora que o ser amado está dentro de nós, nós o tratamos com um amor ainda mais poderoso do que aquele que lhe votávamos quando ele era real. Por que isso? Porque, tornado uma parte de mim, eu gosto dele como de mim mesmo. Amar o outro é sempre amar a si próprio.

4. É então que a pessoa amada deixa de estar do lado de fora e vive dentro de nós como um objeto fantasiado, que mantém e reaviva constantemente nossas pulsões sexuais. Assim, a pessoa real passa a não mais existir para nós senão sob a forma de uma fantasia, mesmo que continuemos a reconhecer nela uma existência autônoma no mundo. Por conseguinte, quando amamos, sempre amamos um ser misto feito ao mesmo tempo do estofo da fantasia e da pessoa real que existe do lado de fora.

5. A relação amorosa está portanto fundada em um fantasia que aplaca a sede da pulsão, proporcionando um prazer parcial que qualificamos genericamente de sexual.

6. Amaremos ou odiaremos nosso próximo conforme o modo que tivermos de gostar ou odiar, dentro de nós, seu duplo fantasiado. Todas as nossas relações afetivas e, em particular, a relação que se estabelece entre o paciente e seu psicanalista — amor de transferência —, todas essas relações conformam-se aos moldes da fantasia; fantasia que mobiliza a atividade das pulsões sexuais e proporciona prazer.

O conceito de narcisismo

Entretanto, nas seqüências que acabamos de distinguir, não demos destaque ao gesto essencial do eu que lhe permite transformar o amado real em objeto fantasiado. Que gesto é esse? É uma torção do eu chamada narcisismo. O narcisismo é o estado singular do eu quando — a fim de incorporar o outro real e transformá-lo em fantasia — ele toma o lugar do objeto sexual e se faz amar e desejar pela pulsão sexual. Antes de fazer do amado um objeto fantasiado, ele se faz ele próprio objeto fantasiado. É como se o eu, para domar a pulsão, a desviasse de seu objetivo ideal e a enganasse, dizendo-lhe: "Já que você está procurando um objeto para chegar a seus fins sexuais, venha, sirva-se de mim!" A dificuldade teórica do conceito de narcisismo é justamente compreender que as pulsões sexuais e o eu — identificado com o objeto fantasiado — constituem duas partes de nós mesmos. O eu-pulsão sexual ama o eu-objeto-fantasiado. Assim é que podemos formular: o eu-pulsão ama a si mesmo como a um objeto sexual. O narcisismo não se define, de maneira alguma, por um simples voltar-se para si num "amar a si mesmo", mas por um "amar a si mesmo como *objeto sexual*": o eu-pulsão sexual ama o eu-objeto-fantasiado-sexual. Deixemos bem claro que o eu é um objeto fantasiado por sua natureza ilusória, e um objeto sexual pelo prazer que suscita ao satisfazer parcialmente a pulsão. De fato, o amor narcísico do eu por ele mesmo, enquanto objeto sexual, está na base da formação de todas as nossas fantasias. Por isso, podemos concluir que em toda fantasia, mais exatamente em cada personagem fantasístico, o clínico deve identificar a presença do eu.

Para resumir esse aparte sobre os diferentes destinos das pulsões sexuais, digamos que elas podem ser recalcadas, sublimadas, ou ainda enganadas pela fantasia.

As fases da sexualidade infantil e o complexo de Édipo

Mas as pulsões sexuais remontam a um ponto longínquo em nossa infância. Têm uma história que pontua o desenvolvimento de nosso corpo de criança. Sua evolução começa desde o nascimento e culmina entre os três e cinco anos, com o aparecimento do complexo de Édipo, que marca o apego da criança àquele dos pais que é do sexo oposto ao dela e sua hostilidade para com o do mesmo sexo. A maioria dos acontecimentos sobrevindos durante esses primeiros anos da vida são surpreendidos por um esquecimento que Freud chama *amnésia infantil.*

Podemos destacar, sucintamente, três fases na história das pulsões sexuais infantis. Três fases que se distinguem de acordo com a dominância da zona erógena: a fase oral, em que a zona dominante é a boca, a fase anal, em que é o ânus que prevalece, e a fase fálica, com a primazia do órgão genital masculino (falo).

*

A *fase oral* abrange os primeiros seis meses do bebê; a boca é a zona erógena preponderante e proporciona ao bebê não apenas a satisfação de se alimentar, mas sobretudo o prazer de sugar, isto é, de pôr em movimento os lábios, a língua e o palato, numa alternância ritmada. Quando empregamos a expressão "pulsão oral" ou "prazer oral", devemos afastar qualquer relação exclusiva com o alimento. O prazer oral é fundamentalmente o prazer de exercer uma sucção sobre um objeto que se tem na boca ou que se leva à boca, e que obriga a cavidade bucal a se contrair e se relaxar sucessivamente. No bebê, como vimos, esse ganho de prazer à margem da saciação deve ser qualificado de sexual. O objeto da pulsão oral não é, portanto, o leite que ele ingere como alimento, mas o afluxo de leite quente que excita a mucosa, ou então o mamilo do seio materno, a mamadeira e, algum tempo depois, uma parte do próprio corpo — na maioria das vezes, os dedos e, em especial, o polegar, que são, todos eles, objetos reais que mantêm o movimento cadenciado da sucção. E que são, todos, objetos-pretexto nos quais as fantasias se enxertam. Quando observamos uma criança que chupa o polegar bem apoiado contra a concavidade do palato, com seu olhar sonhador, deduzimos que, nesse momento, ela está experimentando — psicanaliticamente falando — um intenso prazer sexual. Não nos esqueçamos de que o apego aos objetos reais é, acima de tudo, um apego a objetos fantasiados e que esses objetos fantasiados são o próprio eu. Assim, o polegar real que a criança suga é, na verdade, um objeto fantasiado que ela acaricia, ou seja, ela mesma (narcisismo). Para concluir, acrescentemos que existe ainda uma fase oral tardia, que começa por volta do sexto mês de vida, com o surgimento dos primeiros dentes. O prazer sexual de morder, às vezes com raiva, completa o prazer da sucção.

*

A *fase anal* desenvolve-se durante o segundo e terceiro anos. O orifício anal é a zona erógena dominante, e as fezes constituem o objeto real que materializa o objeto fantasiado das pulsões anais. Do mesmo modo que havíamos distinguido o prazer de comer do prazer sexual da sucção, devemos aqui separar o prazer orgânico de defecar, aliviando-se de uma necessidade corporal, do prazer sexual de reter as fezes para, em seguida, expulsá-las bruscamente. A excitação sexual da mucosa anal é provocada, antes de mais nada, por um ritmo particular do esfíncter, quando ele se contrai para reter e se dilata para evacuar.

Originalmente, conhecemos apenas objetos sexuais: a psicanálise nos mostra que as pessoas a quem acreditamos apenas respeitar e estimar podem, para nosso inconsciente, continuar a ser objetos sexuais.

S. FREUD

A *fase fálica* precede o estado final do desenvolvimento sexual, isto é, a organização genital definitiva. Entre a fase fálica, que se estende dos três aos cinco anos, e a organização genital propriamente dita, que aparece quando da puberdade, intercala-se um período chamado "de latência", durante o qual as pulsões sexuais são inibidas.

No curso da fase fálica, o órgão genital masculino — pênis — desempenha o papel dominante. Na menina, o clitóris é considerado, segundo Freud, um atributo fálico, fonte de excitação. À semelhança das outras fases, o objeto real serve de base para o objeto fantasiado. Aqui, o pênis e o clitóris são apenas os suportes concretos e reais de um objeto fantasiado chamado falo[6]. De fato, não é o órgão peniano que prevalece nessa fase, mas a fantasia desse órgão, ou seja, sua superestimação enquanto símbolo do poder. Quanto ao prazer sexual, ele resulta nessa fase das carícias masturbatórias e dos toques ritmados das partes genitais, tão ritmados quanto podem ser os movimentos alternados da sucção no prazer oral e os da retenção/expulsão no prazer anal.

No começo dessa fase fálica, meninos e meninas acreditam que todos os seres humanos têm ou deveriam ter "um falo". A diferença entre os sexos, homem/mulher, é então percebida pela criança como uma oposição entre os possuidores do falo e os seres privados do falo (castrados). Depois, a menina e o menino seguirão vias diferentes, até a aquisição de sua identidade sexual definitiva na época da puberdade. Essas vias são diferentes porque o objeto fantasiado (falo) com o qual a pulsão fálica se satisfaz assume, num e noutro, valores distintos. Para o menino, o objeto da pulsão, ou seja, o falo, é a pessoa da mãe, ou melhor, a mãe fantasiada, e às vezes, curiosamente, como veremos, o pai fantasiado. Para a menina, o objeto é inicialmente a mãe fantasiada, e depois, num segundo tempo, o pai. O garotinho entra no Édipo e começa a manipular seu pênis, entregando-se ao mesmo tempo a fantasias ligadas à sua mãe. Depois, sob o efeito combinado da ameaça de castração proferida pelo pai e da angústia provocada pela percepção do corpo feminino, privado de falo, o menino acaba renunciando a possuir o objeto-mãe. O afeto em torno do qual o Édipo masculino se organiza, culmina e chega ao desenlace é a *angústia*; a chamada angústia de castração, isto é, o medo de ser privado daquela parte do corpo que, nessa idade, o menino tem por objeto mais estimável: seu pênis/falo.

Na menina, a passagem da mãe para o pai é mais complexa. O grande acontecimento durante o Édipo feminino é a decepção que a menina sente ao constatar a falta do falo de que ela acreditava ter sido dotada. Esse sentimento de decepção, onde se misturam rancor e nostalgia, assumirá a forma acabada de um afeto de inveja: a inveja do pênis/falo. O afeto em torno do qual gravita o Édipo feminino não é, portanto, a angústia, como no menino, mas a *inveja*. Inveja ciumenta do pênis, que logo se transformará no desejo de ter um filho do pai e, mais tarde, quando a menina se houver transformado em mulher, no desejo de ter um filho do homem eleito. Mas vamos deixar claro que Freud, muito depois, complementou a teoria da castração na menina, reconhecendo que a inveja ciumenta não era a única resposta à castração que ela acreditava já e definitivamente consumada, em virtude de sua falta de pênis. Existe ainda na mulher um outro afeto edipiano diferente da inveja, o da angústia, não de perder o pênis/falo que ela jamais possuiu, mas de perder esse outro "falo" inestimável que é o amor vindo do amado. A angústia de castração na mulher não é outra coisa, portanto, senão a angústia de perder o amor do ser amado. Numa palavra, os dois grandes afetos que decidirão sobre o desfecho do Édipo feminino são a *inveja ciumenta do pênis/falo* e a *angústia de perder o amor.*

Observação sobre o Édipo do menino: o papel essencial do pai

Gostaria de desfazer, aqui, um freqüente mal-entendido concernente ao Édipo do menino e, em particular, ao papel que o pai desempenha nele. Habitualmente, como nós mesmos acabamos de fazer, enfatizamos o apego do menino à mãe como objeto sexual e seu ódio pelo pai. Pois bem, sem renegar essa configuração clássica do Édipo, Freud privilegiou tanto a relação do menino com o pai que não hesitaremos em fazer do pai — e não da mãe — o personagem principal do Édipo masculino. Eis o argumento para isso. Na primeira etapa da formação do Édipo, reconhecemos dois tipos de ligação afetiva do menino: um apego desejante pela mãe considerada como objeto sexual, e sobretudo um apego ao pai como modelo a ser imitado. O menino faz de seu pai um ideal em que ele próprio gostaria de se transformar. Enquanto o vínculo com a mãe — objeto sexual — se nutre do ímpeto de um *desejo*, o vínculo com o pai — objeto ideal — repousa num sentimento de *amor* produzido pela *identificação* com um ideal. Esses dois sentimentos, o desejo pela mãe e o amor pelo pai, diz-nos Freud, "aproximam-se um do outro, acabam por se encontrar, e é desse encontro que resulta o complexo de Édipo normal".[7] Ora, o que se passa durante esse encontro? O menino fica incomodado com a presença da pessoa do pai, que barra seu impulso desejante dirigido à mãe. A identificação amorosa com o pai ideal transforma-se, então, numa atitude hostil e acaba em uma identificação com o pai como homem da mãe. O menino quer de fato substituir o pai junto da mãe, considerada como objeto sexual, e tornar-se o parceiro eleito de sua mãe. Naturalmente, todos esses afetos dirigidos ao pai cruzam-se e combinam-se numa mescla de ternura pelo ideal, animosidade em relação ao intruso e vontade de possuir os atributos do homem.

Entretanto, pode ainda suceder ao Édipo inverter-se de forma curiosa. O verdadeiro Édipo invertido — expressão muito usada e raramente bem compreendida — consiste numa mudança radical do estatuto do objeto-pai: *o pai aparece aos olhos do menino como um objeto sexual desejável.* Tudo sofre uma reviravolta. De objeto ideal que despertava admiração, ternura e amor, o pai transforma-se então num objeto sexual que excita o desejo. Antes, o pai era aquilo que se queria *ser*, um ideal; agora, o pai é o que se gostaria de *ter*, um objeto sexual. Numa palavra, para o menino, o pai se apresenta sob três imagens diferentes: amado como um ideal, odiado como um rival e desejado como um objeto sexual. É isso que nos empenhamos em sublinhar: o essencial do Édipo masculino são as vicissitudes da relação do menino com o pai, e não — como se costuma acreditar — com a mãe, pois é no vínculo perturbado com o pai que reside a causa mais freqüente da neurose no homem adulto.

*

Mais uma palavra para destacar as particularidades da fase fálica, tão essencial em relação às fases precedentes, já que de seu desfecho dependerá a futura identidade sexual da criança transformada em adulto. Aqui estão os aspectos a serem guardados. Primeiro, note-se que, nessa fase, o objeto fantasiado da pulsão não se apóia, como antes, numa parte do corpo do indivíduo, como o polegar ou os excrementos (e agora o pênis ou o clitóris), mas numa pessoa. O objeto fantasiado da pulsão (falo) assume então a imagem de uma mãe ou de um pai eles mesmos às voltas com desejos e pulsões. Assim, a mãe é percebida pelo menino da fase fálica através da fantasia de uma mãe desejante; o mesmo, é claro, acontece para o pai.

Observe-se ainda que, no decorrer dessa fase, a criança, pela primeira vez, tem a experiência de perder o objeto da pulsão, não como seqüência de uma evolução natural, como nos estágios precedentes (o desmame, por exemplo), mas em resposta a uma obrigação incontornável. O menino perde seu objeto-mãe para se submeter à lei universal da proibição do incesto. Lei que o pai lhe ordena respeitar, sob pena de privá-lo de seu pênis/falo.

Por último, observe-se que a fase fálica é a única que se conclui pela resolução de uma opção decisiva: o menino terá de escolher entre salvar uma parte de seu próprio corpo ou salvar o objeto de sua pulsão. Essa alternativa equivale, definitivamente, a eleger uma ou outra forma de falo: ou o pênis, ou a mãe. O menino terá que decidir entre preservar seu corpo da ameaça da castração, isto é, preservar o pênis, ou conservar o objeto de sua pulsão, ou seja, a mãe. Terá que escolher entre salvar seu pênis e renunciar à mãe, ou não renunciar à mãe, mas sacrificar seu pênis. Sem dúvida, o desfecho normal consiste em renunciar ao objeto e salvar a integridade de sua pessoa. O amor narcísico tem primazia sobre o amor objetal. Essa alternativa, que apresento como o drama que seria vivido por uma criança mítica, é, na verdade, a mesma alternativa que todos atravessamos em certos momentos de nossa existência, quando somos forçados a tomar decisões em que o que está em jogo é perder aquilo que nos é mais caro. Então, para preservar o ser, é freqüentemente o objeto que abandonamos. O ser humano é por natureza governado por sua tendência egoísta à autopreservação.

Pulsões de vida e pulsões de morte. O desejo ativo do passado

Anunciei-lhes que Freud havia modificado sua primeira teoria das pulsões, que opõe pulsões recalcantes do eu a pulsões sexuais. O motivo principal disso foi a descoberta do narcisismo. Com efeito, lembremo-nos de que, para enganar as pulsões, o eu tornou-se um objeto sexual fantasiado: já não há distinções a estabelecer entre um suposto objeto sexual exterior, sobre o qual incidiria a libido das pulsões, e o próprio eu. O objeto sexual exterior, o objeto sexual fantasiado e o eu são uma só e mesma coisa, que chamamos objeto da pulsão. Desse ponto de vista, podemos afirmar: o eu ama a si mesmo como objeto das pulsões.

Mas, se a libido das pulsões sexuais pode incidir sobre esse objeto único que é o eu, já não há por que reconhecer no eu uma vontade consciente de censura com respeito a pulsões sexuais. Por conseguinte, as pulsões do eu desaparecem da teoria de Freud e, com elas, o par de opostos pulsões do eu/pulsões sexuais. Freud propõe então reagrupar os movimentos libidinais, que incidem tanto no eu quanto nos objetos sexuais, sob a expressão única *pulsões de vida*, opondo-a à expressão *pulsões de morte*. O objetivo das pulsões de vida é a ligação libidinal, isto é, o atamento dos laços, por intermédio da libido, entre nosso psiquismo, nosso corpo, os seres e as coisas. As pulsões de vida tendem a investir tudo libidinalmente e a garantir a coesão das diferentes partes do mundo vivo. Em contrapartida, as pulsões de morte visam o desprendimento da libido dos objetos, seu desligamento e o retorno inelutável do ser vivo à tensão zero, ao estado inorgânico. No tocante a isso, esclarecemos que a "morte" que rege essas pulsões nem sempre é sinônimo de destruição, guerra ou agressão. As pulsões de morte representam a tendência do ser vivo a encontrar a calma da morte, o repouso e o silêncio. É verdade que podem também estar na origem das mais mortíferas ações, quando a tensão busca aliviar-se no mundo externo. Entretanto, quando as pulsões de morte permanecem dentro de nós, elas são profundamente benéficas e regeneradoras.

Note-se que esses dois grupos de pulsões agem não apenas de comum acordo, mas compartilham um traço comum. Eu gostaria de me deter nisso, porque esse traço constitui um conceito absolutamente novo, um salto no pensamento freudiano. Qual é esse traço comum às pulsões de vida e de morte? Qual é esse novo conceito? Para além de sua diferença, tanto a pulsão de vida quanto a pulsão de morte visam restabelecer um estado anterior no tempo. Seja a pulsão de vida, que, ligando os seres e as coisas, aumenta a tensão, seja a pulsão de morte, que aspira à calma e ao retorno a zero, ambas tendem a reproduzir e a repetir uma situação passada, quer tenha sido agradável ou desagradável, prazerosa ou desprazerosa, serena ou agitada. Aqueles que nos falam, nossos pacientes, com freqüência têm tendência a repetir seus fracassos e sofrimentos, com uma força mais poderosa, às vezes, do que a que nos leva a reencontrar os acontecimentos agradáveis do passado. É o caso do executivo sempre criativo, que não consegue impedir-se de ver seus projetos, assim que realizados, desmoronarem implacavelmente como se estivessem condenados pela fatalidade.

Em suma, o novo conceito introduzido por Freud com a segunda teoria das pulsões foi o da *compulsão à repetição no tempo.*[8] A exigência de repetir o passado doloroso é mais forte do que a busca do prazer no acontecimento futuro. A compulsão a repetir é uma pulsão primária e fundamental, a pulsão das pulsões; já não se trata de um princípio que orienta, mas de uma tendência que exige voltar atrás para reencontrar aquilo que já aconteceu. O desejo ativo do passado, mesmo que o passado tenha sido ruim para o eu, explica-se por essa compulsão a retomar o que não foi concluído, com vontade de completá-lo. Havíamos demonstrado que nossos atos involuntários eram substitutos de uma ação ideal e não consumada. Por isso, a compulsão à repetição seria o desejo de retornar ao passado e rematar, sem entraves e sem desvios, a ação que ficara em suspenso, como se as pulsões inconscientes nunca se resignassem a ser condenadas ao recalcamento.

Por conseguinte, podemos afirmar que a compulsão a repetir no tempo é ainda mais irresistível que a de buscar o prazer. A tendência conservadora — a de voltar atrás — própria às pulsões de vida e de morte prevalece sobre a outra tendência, igualmente conservadora, regida pelo princípio de prazer — a de reencontrar um estado sem tensão. Por isso, Freud considerou a compulsão à repetição como uma força que ultrapassa os limites do princípio de prazer, que vai além da busca do prazer. Não obstante, o par de pulsões de vida e de morte continua a ser regido pela ação conjunta desses dois princípios fundamentais do funcionamento mental: encontrar o passado e encontrar o prazer.

A segunda teoria do aparelho psíquico: o eu, o isso e o supereu

O aparelho psíquico se divide em um "isso", que é o portador das moções pulsionais, um "eu", que constitui a parte mais superficial do "isso", modificada pela influência do mundo exterior, e um "supereu" que, saindo do "isso", domina o eu e representa as inibições da pulsão, características do homem.

S. FREUD

A dificuldade teórica que levou Freud a estabelecer uma nova concepção do psiquismo foi o problema do recalcamento. Sua experiência de terapeuta lhe mostrou que o recalcamento não se expressava clinicamente como uma censura que o paciente exerceria conscientemente sobre as suas pulsões. Não, o recalcamento não é uma recusa consciente do desejo e das pulsões inconscientes, mas uma barragem de regulação, que opera sem que o sujeito saiba. Assim, as resistências do analisando ao progresso do tratamento não são absolutamente intencionais: o paciente resiste, mas não sabe por que nem como resiste. O mal-estar dos analisandos durante as sessões, suas queixas freqüentes ou o empobrecimento de suas associações de idéias mostraram a Freud que o recalcamento, e mais geralmente o conjunto dos mecanismos de defesa do eu, trabalham a serviço do inconsciente. Freud deduziu então que o recalcamento é um gesto do eu tão inconsciente quanto as representações inconscientes que ele recalca. Com essa hipótese, torna-se impossível continuar a pensar que haveria um eu consciente que recalca e um recalcado inconsciente que brota. Doravante, devemos reconhecer que o eu é uma instância mista, na qual coexistem partes e funções ao mesmo tempo conscientes, pré-conscientes e inconscientes. Assim sendo, não podemos mais identificar o eu com a consciência e afirmar que o eu seria a consciência de si. Não, o eu é uma das três instâncias do aparelho psíquico, cuja parte consciente é bastante reduzida. Note-se que uma outra instância, o supereu, também pode não só fazer-se ouvir na consciência, mas induzir insidiosa e inconscientemente os comportamentos do sujeito.[9]

Com essas reformulações teóricas, o inconsciente adota um novo estatuto. Já que os três componentes do aparelho psíquico podem ser inconscientes, o inconsciente deixa de ser uma entidade plena e torna-se uma propriedade de cada uma dessas instâncias. Vamos recapitular: até aqui, distinguimos o sistema pré-consciente/consciente do sistema inconsciente, sendo este último considerado como sinônimo do recalcado. Ora, a partir do momento em que se constata que o recalcamento também é inconsciente, não é mais possível assimilar inconsciente e recalcado. O inconsciente é simultaneamente recalcamento e recalcado. Freud renunciou assim, no meio de sua obra, por volta de 1920, a conceber o inconsciente como um sistema autônomo, e privilegiou a acepção descritiva do termo inconsciente, que definiu como uma qualidade atribuível a cada uma das instâncias do aparelho psíquico.

Entretanto, das três instâncias psíquicas, é o isso que, no novo mapa do psiquismo, torna-se a região mais facilmente identificável ao inconsciente. Sem dúvida, o inconsciente é um atributo das três instâncias psíquicas, mas é o isso que é a mais marcada pelo traço específico do inconsciente. Escutemos Freud: "Assim, não utilizaremos mais 'inconsciente' no sentido sistemático e daremos ao que era até agora designado assim um nome melhor, que não se presta mais a mal-entendidos [...]: o *isso*. Esse pronome impessoal parece particularmente adequado para expressar o caráter principal dessa província psíquica [o inconsciente], seu caráter de ser estranho ao eu[10] ." Nesse trecho, é importante destacar a idéia de que no próprio coração do eu palpita, todavia, a coisa mais estranha ao eu. Quer o inconsciente se chame "sistema", como na primeira teoria, quer se chame "isso", como na segunda, ele continua sendo o núcleo central do nosso ser, e ao mesmo tempo, o mais impessoal e heterogêneo possível. Compreende-se então como o pronome demonstrativo "*isso*" é perfeitamente adequado para designar essa coisa em nós tão íntima que nos faz agir, e, paradoxalmente, tão obscura, primitiva e inapreensível.

O que é pois o isso? É um conceito inventado por Groddeck e retomado por Freud para exprimir a sobredeterminação exercida pelo eu por uma força desconhecida e ao mesmo tempo íntima. "Afirmo — escreve Groddeck — que o homem é animado pelo Desconhecido, uma força maravilhosa que dirige o que ele faz e o que lhe advém. A proposição '*eu vivo*' é apenas parcialmente correta, pois diz somente um aspecto do vivido. Na verdade: 'O homem *é vivido* pelo isso'". Mais abaixo, diz: "É uma mentira e uma deformação dizer 'eu penso, eu vivo'. Deveríamos dizer: 'Isso pensa, isso vive'. Isso, quer dizer, o grande mistério do mundo.[11]"

Mas se é verdade que o inconsciente, enquanto sistema, é intrinsecamente assimilável ao isso, existem algumas diferenças que podemos resumir assim:

- No isso, encontramos não só representações inconscientes de coisas gravadas no psiquismo sob o impacto do desejo dos outros, mas também representações inatas, próprias da espécie humana, inscritas e transmitidas filogeneticamente.

- Ao contrário do inconsciente, o isso se apresenta como o grande reservatório da libido narcísica e objetal, em que o eu e o supereu encontram a sua energia para alimentar suas ações respectivas.

- Mas a distinção mais importante entre o isso e o inconsciente é a capacidade espantosa do isso de *perceber* no interior de si mesmo as variações da tensão pulsional. Freud qualifica esse fenômeno curioso de *autopercepção endopsíquica*. Acrescente-se que as modificações da tensão pulsional autopercebidas pelo isso serão traduzidas na consciência sob a forma de sentimentos de prazer ou desprazer.

*

Uma palavra ainda sobre o eu. Na psicanálise, o eu não designa o indivíduo ou a pessoa, mas uma instância do aparelho psíquico, afetada pelos seguintes traços:

• uma organização muito estruturada das representações majoritariamente inconscientes, mas também pré-conscientes e conscientes;

• uma localização espacial excepcional entre dois mundos, que lhe são basicamente estranhos: o mundo do dentro, o isso, e o mundo do fora, a realidade exterior;

• uma sensibilidade que faz dele a antena do psiquismo, o órgão de percepção de todas as excitações, quer elas sejam provenientes do dentro (variações da tensão pulsional), quer provenham do fora. Essa função de radar se completa com outra função, que é integrar e adaptar a vida pulsional interna às exigências do mundo externo;

• uma gênese particular, pois o eu nasceu do isso, como um pedaço que se teria soltado deste;

• um desenvolvimento cujo percurso é marcado pelas identificações sucessivas com os diversos objetos pulsionais visados pelo isso (objetos sexuais e fantasiados);

• e, enfim, uma relação exclusiva com o corpo, na medida em que o eu se define como a projeção mental da superfície do corpo próprio, mais exatamente como a projeção mental dos contornos do nosso corpo.

Entretanto, para apreender melhor esse conceito abstrato que é o eu, devemos imaginá-lo na dupla figura de um personagem sucessivamente ativo e angustiado. Ativo, ele cumpre não apenas funções perceptivas, adaptativas e de síntese, mas principalmente obtém do isso a maior parte da sua libido, e até, como Freud repetiu muitas vezes, ambiciona apropriar-se do reino obscuro do isso, civilizar o isso. "Onde estava o isso, escreveu Freud, o eu deve advir"; ou ainda: "A psicanálise é um processo que facilita para o eu a conquista progressiva do isso."

A outra figura do eu, passiva e angustiada, é a que ele adota para defender-se das excitações perigosas que provêm do isso e do mundo exterior. As excitações pulsionais internas estimulam o eu de modo direto ou indireto. A via direta é a das exigências pulsionais urgentes e inconsideradas, enquanto a via indireta passa pelo supereu, para fazer ouvir as exigências do isso. À célebre fórmula de Lacan: "O isso fala", seria conveniente acrescentar: O isso fala com a boca, a voz e as palavras do supereu, pois é realmente o supereu que grita para o eu as exigências do isso. Mas seja qual for o tipo de excitações percebidas pelo eu, este sente as exigências do isso como um perigo ameaçador que o angustia. Ele se angustia porque responder a excitações tão intensas equivaleria a desaparecer; e também se angustia com o temor de ser punido por desobedecer às ordens do supereu. Resta ainda um terceiro motivo de angústia para o eu, isto é, as coações inerentes à realidade exterior. Enumeramos assim três variedades de angústia do eu: a angústia diante do isso — de ser aniquilado; a angústia diante do supereu — de ser punido; e enfim, a angústia diante do real — de ser impotente.

O conceito psicanalítico de identificação

A obra de Freud é permeada pela problemática da Identificação. Por isso, queremos apresentar ao leitor estas páginas sobre o conceito psicanalítico de identificação.[12]

Para começar, vamos lembrar as duas acepções da palavra "identificação", na linguagem comum. A primeira acepção é a que adotamos quando dizemos que *encontramos* ou *reconhecemos* alguma coisa. Por exemplo, um perito em pintura identifica, isto é, reconhece, a origem de um quadro. Ou ainda, quando usamos a sigla OVNI para dizer que vimos no céu um "objeto voador não *identificado*". A segunda acepção é a que nos interessa mais na psicanálise. Ela corresponde à forma reflexiva do verbo "identificar", isto é, "*identificar-se*". Diremos que um sujeito se identifica com alguém ou alguma coisa quando ele se confunde com esse alguém ou essa coisa, quando ele vai até o outro para assimilá-lo e assimilar-se a ele, até tornar-se idêntico. O melhor exemplo é o mimetismo. Um animal como o camaleão se torna semelhante — aparentemente — ao seu meio ambiente. Para escapar aos predadores, ele se confunde, isto é, *identifica-se*, com as rochas ou vegetais que o cercam. Ou então, o exemplo de um peixe que se assemelha tanto às pedras e corais próximos, que só recentemente os zoólogos o descobriram. Também gostaria de enfatizar que *identificar-se com* é uma ação, um ato, o movimento ativo de um sujeito que quer tornar-se idêntico a outro, diferente de si próprio.

E chegamos então à psicanálise. Muito bem. O conceito psicanalítico de identificação corresponde à segunda definição, segundo a qual "*identificar-se*" é um movimento em direção ao outro, uma necessidade de absorvê-lo, de comê-lo ou até de devorá-lo. Ora, uma pessoa pode identificar-se com alguém ou alguma coisa de duas maneiras diferentes. Vamos tomar o caso simples de um filho que se identifica com o pai. Ele pode fazê-lo de duas maneiras. A primeira é uma *vontade consciente* de ser como o pai. É o caso do menino de sete anos que sonha ser tão forte quanto o pai e faz tudo para imitá-lo. É também a atitude dos fãs que tentam assemelhar-se ao seu ídolo, falando, vestindo-se ou penteando-se como ele. Note-se que essa identificação com um ídolo pode ocasionar a criação de um clube de fãs, e até mesmo o nascimento de uma verdadeira comunidade, de uma verdadeira família, organizada em torno de uma identificação coletiva com uma única figura ideal. Mas, trate-se do menino que quer ser como o pai ou do jovem que quer se parecer com seu cantor preferido, estamos diante de uma *vontade consciente* de ser como o outro.

Entretanto, há uma segunda maneira de identificar-se com o outro, na qual o processo não é consciente. Sem dúvida, estamos no mesmo movimento ativo de ir em direção ao outro para assimilá-lo e deixar-se assimilar por ele, mas trata-se de um impulso espontâneo, irrefletido, de identificação. "Quero ser o outro e quero ser no outro, mas não tenho consciência dessa vontade." Ora, na psicanálise essa vontade não se chama vontade, mas desejo. Mais exatamente: *desejo inconsciente de ser o outro*. Também se pode chamar esse desejo inconsciente de "identificação inconsciente". Retomando o exemplo do pai e do filho, diremos que o filho se identifica *inconscientemente* com o pai. Assim sendo, com que parte do pai o filho se identifica? Ele pode identificar-se, isto é, incorporar dois aspectos distintos do pai. Pode identificar-se com os *traços visíveis* do pai: adotar seu modo de andar, reproduzir seus gestos, e às vezes, na idade adulta, exercer a profissão paterna. Em todos esses exemplos, o filho se assemelha ao pai sem esforçar-se para isso e sem ter consciência disso. Diremos então que o filho se identificou inconscientemente com os *traços visíveis* do pai. Longe de ser uma imitação consciente, a semelhança resulta de uma identificação inconsciente.

Ora, o sujeito pode também identificar-se — sempre sem saber — não com uma determinada particularidade exterior e visível do outro, mas com emoções, sentimentos, afetos, desejos e até fantasias, ocultos na vida interior desse outro. Tão ocultos que, algumas vezes, essas emoções, esses desejos ou essas fantasias são ignoradas pelo outro. E pode acontecer que o sujeito — no nosso caso, o filho — se identifique inconscientemente com sentimentos, desejos e fantasias que são desconhecidos pelo próprio pai. Desejo insistir nessa idéia, pois ela está no centro do conceito psicanalítico de identificação. Se me pedirem uma definição de identificação, do ponto de vista analítico, direi que a identificação é o movimento ativo e inconsciente de um sujeito, isto é, *o desejo inconsciente de um sujeito de apropriar-se dos sentimentos e fantasias inconscientes do outro*. Essa definição, que poderia parecer demasiado abstrata, traduz bem, todavia, as turbulências e os movimentos muito vivos das forças íntimas que circulam entre dois seres e os aproximam sem que eles saibam. Um filho, por exemplo, pode se identificar tão inconscientemente e tão intensamente com um erro que seu pai cometeu ou acreditou ter cometido um dia, que se sentirá culpado como se o tivesse cometido ele próprio. Vamos tomar outro exemplo, do filho de um agricultor que participa ao pai a sua decisão de deixar definitivamente o campo, para tornar-se marinheiro. Na sua tristeza, o pai se lembra subitamente de que, também ele, na juventude, sonhou navegar e ligar o seu destino ao mar. Sem saber disso, um filho pode assim realizar, trinta anos depois, um velho desejo esquecido do pai.

Desejaria concluir com duas observações que são talvez o essencial do que eu tinha a dizer. Sem dúvida, ficou compreendido que falar da identificação de uma pessoa com outra equivale simplesmente a falar do amor, pois só posso me identificar com um outro se esse outro for o meu eleito. Ou, com mais precisão: identificar-me com o outro, assimilá-lo e deixar-me assimilar por ele, é exatamente amá-lo. A identificação é a palavra que nomeia o processo do amor.

Mas a identificação designa também um processo tão essencial quanto o do amor, isto é, o processo de formação do eu. Explico-me, fazendo uma última pergunta: quem somos nós, do ponto de vista do nosso psiquismo? O que é o eu? Isto é, de que substância é feito o nosso eu? Pois bem, a resposta da psicanálise é muito clara: somos feitos de todas as marcas que deixam em nós os seres e as coisas que amamos fortemente agora ou que amamos fortemente no passado e às vezes perdemos. Isto é, os seres e as coisas com os quais nos identificamos. Então, quem sou eu? Sou a memória viva daqueles que amo hoje e daqueles que amei outrora e depois perdi. A identificação é aquilo que me faz amar e ser o que sou.

A transferência é a atualização de uma pulsão cujo objeto fantasiado é o inconsciente do psicanalista

Para concluir este livro, pedirei a vocês agora que entrem no consultório do psicanalista. Ali constatarão a que ponto a relação do paciente com seu terapeuta pode ser entendida como uma expressão clínica da vida das pulsões. A relação analítica tem um vínculo com o nível elementar das pulsões, mesmo que estas só se exprimam sob a cobertura das fantasias. Desde o apego mais apaixonado até a mais aberta hostilidade, o vínculo analista/paciente retira todas as suas particularidades das *fantasias* que alimentaram as relações afetivas outrora vividas pelo analisando. Esse é o fenômeno da *transferência*. O que é a transferência? A transferência é uma repetição bem particular: em lugar de rememorar o passado, o analisando o repete como uma experiência vivida, no presente do tratamento analítico, ignorando que se trata de uma repetição. O paciente transfere suas emoções infantis, do passado para o presente e de seus pais para o analista. No entanto, devemos deixar bem claro que o vínculo transferencial com o analista não é a simples reprodução, no presente, dos laços afetivos e desejantes do passado. A transferência é, antes de mais nada, a atualização no presente das fantasias que outrora alimentaram os primeiros laços afetivos. Portanto, convém entender que a transferência não é a simples repetição de uma antiga relação concreta, mas a atualização de uma fantasia permanente.

Ora, o manejo da transferência requer do analista não só uma grande habilidade e experiência, mas também uma constante atividade de autopercepção das fantasias que o perpassam quando ele escuta. O instrumento do psicanalista não é apenas o saber, mas, acima de tudo, seu próprio inconsciente, único meio de que ele dispõe para captar o inconsciente do paciente. Se, no complexo de Édipo, o objeto da pulsão fálica é a mãe, postularemos que, na transferência, o objeto da pulsão analítica — vamos chamá-lo assim — é o inconsciente do psicanalista. Dito de outra forma, a transferência é a atualização de uma pulsão cujo objeto fantasiado é o inconsciente do psicanalista.

A disponibilidade do analista para a escuta, que lhe permite agir com seu inconsciente, mas também expor-se ao inconsciente do outro, explica por que as produções do inconsciente surgidas ao longo do tratamento podem aparecer, alternadamente, num ou noutro dos parceiros da análise. Foi o reconhecimento dessa alternância que me levou a propor a tese de um inconsciente único. Não há dois inconscientes, um pertencente ao analista e outro ao analisando, mas um só e único inconsciente. As formações do inconsciente, cujo aparecimento se alterna entre analista e analisando, podem ser legitimamente consideradas como a dupla expressão de um único inconsciente, o da relação analítica.

*

A psicanálise não é um sistema fechado, à maneira de uma construção abstrata. Ela é obrigada a se abrir constantemente e a avançar de modo tateante, porque ela deve permanentemente levar em conta ensinamentos que o psicanalista tira de sua prática. Esse fato, o simples fato de haver pacientes que exprimem sua dor, incita o psicanalista a voltar constantemente aos fundamentos da psicanálise para retomá-los e atualizá-los como acabo de fazer neste livro. A psicanálise, diversamente de outras disciplinas do espírito, é inevitavelmente aberta, por ser ininterruptamente submetida à prova da verdade que é a escuta daquele que sofre e diz seu sofrimento.

*

* *

Excertos da obra
de Sigmund Freud

Biografia
de Sigmund Freud

Seleção
bibliográfica

Excertos da obra de Sigmund Freud*

A psicanálise é um procedimento, um método e a teoria daí derivada

Psicanálise é o nome: 1) de um método de investigação dos processos psíquicos que, de outro modo, são praticamente inacessíveis; 2) de um método de tratamento dos distúrbios neuróticos que se fundamenta nessa investigação; 3) de uma série de concepções psicológicas adquiridas por esse meio ....[1]

*

O conhecimento favorece o tratamento, e o tratamento nos ensina novamente

... há outra coisa que sei. Houve na psicanálise, desde o começo, uma estreita união entre tratamento e pesquisa, o

* As traduções aqui constantes dos excertos de S. Freud correspondem às citações fornecidas em francês no original deste livro, não seguindo os textos traduzidos na *ESB*, cujos títulos e volumes são indicados para facilitar a consulta pelos leitores. (N.E.)

conhecimento levava ao sucesso, e era impossível tratar sem aprender alguma coisa nova, não se adquiria nenhum esclarecimento sem experimentar sua ação benéfica. Nosso procedimento analítico é o único em que essa preciosa conjunção se conservou.[2]

*

Quais são os conteúdos da teoria psicanalítica?

Agruparei mais uma vez os fatores que constituem o conteúdo dessa teoria. São eles: a ênfase colocada na vida pulsional (afetividade), na dinâmica psíquica, na significância e no determinismo gerais, inclusive dos fenômenos psíquicos aparentemente mais obscuros e mais arbitrários; a doutrina do conflito psíquico e da natureza patogênica do recalcamento, a concepção dos sintomas mórbidos como satisfação substitutiva, e o reconhecimento da importância etiológica da vida sexual, em particular a dos primórdios da sexualidade infantil.[3]

*

O tempo 4 e o tempo 3 de nosso esquema

Uma parte [das moções pulsionais sexuais] apresenta a preciosa propriedade de se deixar desviar de seus alvos imediatos e, assim, como tendências "sublimadas", de colocar sua energia à disposição da evolução cultural [nosso *tempo 4*]. Mas outra parte permanece no inconsciente, como moção de desejo insatisfeita, e pressiona à satisfação, seja ela qual for, mesmo que deturpada [nosso *tempo 3*].[4]

*

Aquilo que é, é o substituto do que não foi

[Os] sintomas nascem em situações que contêm um impulso para uma ação, um impulso ... que fora reprimido .... É justamente no lugar dessas ações não ocorridas que surgem os sintomas.[5]

*

O recalcamento primário é uma fixação do representante psíquico no solo do inconsciente

É lícito, portanto, admitirmos um *recalcamento originário*, uma primeira fase do recalcamento, que consiste em que ao representante psíquico (representante-representação) da pulsão é recusado o acesso ao consciente. Com ele se produz uma *fixação*; o representante correspondente subsiste ... de maneira inalterável, e a pulsão continua ligada a ele.[6]

*

Depois que o recalcado chega à consciência, sob a forma de produtos, o recalcamento secundário é o recalcamento que reconduz esses produtos a seu lugar de origem, isto é, ao inconsciente. O recalcamento secundário pode também se chamar "propriamente dito" ou "a posteriori".

O segundo estádio do recalcamento, o *recalcamento propriamente dito*, concerne aos produtos psíquicos do representante recalcado. ... O recalcamento propriamente dito, portanto, é um recalcamento a posteriori.[7]

*

O recalcado é apenas uma parte do inconsciente, sendo a outra parte constituída pelo próprio recalcamento

Todo recalcado permanece necessariamente inconsciente, mas insistimos em colocar de saída que o recalcado não recobre todo o insconciente. O inconsciente tem uma extensão mais ampla: o recalcado é uma parte do inconsciente.[8]

*

O recalcado dita nossos atos e determina nossas escolhas afetivas

Tudo o que uma criança de dois anos já viu sem compreender pode muito bem nunca mais voltar a sua memória, a não ser em sonhos. ... Mas, num dado momento, estes últimos [acontecimentos], dotados de grande força compulsiva, podem surgir na vida do sujeito, ditar-lhe seus atos, determinar suas simpatias ou antipatias e, muitas vezes, decidir sobre sua escolha amorosa, embora essa escolha, como é muito freqüente, seja indefensável do ponto de vista racional.[9]

*

As crianças e os perversos ensinaram a Freud que a sexualidade humana ultrapassa largamente os limites do genital

Chegou-se até a ... fazer [à psicanálise] a extravagante censura de explicar "tudo" pela sexualidade. ... No que concerne à extensão dada por nós à idéia de sexualidade, extensão esta que nos foi imposta pela *psicanálise das crianças* e por aqueles a quem chamamos *perversos*, respondemos aos que, de sua altivez, lançam um olhar de desprezo à psicanálise, que eles deveriam lembrar-se do quanto a idéia de uma sexualidade mais ampla se aproxima do Eros do divino Platão.[10]

*

O prazer sexual de sugar e o prazer de aplacar a fome são duas satisfações inicialmente associadas que, depois, vêm a se separar

A criança, quando suga, busca nesse ato um prazer já experimentado e que, agora, volta-lhe à memória. Ao sugar ritmicamente uma parte da epiderme ou da mucosa, a criança se satisfaz. ... Diríamos que os lábios da criança desempenham o papel de uma *zona erógena* e que a *excitação causada pelo afluxo do leite quente* provoca o prazer. No começo, a satisfação da zona erógena está estreitamente ligada ao aplacamento da fome. (A atividade sexual apóia-se, a princípio, numa função que serve para preservar a vida, da qual ela só se torna independente mais tarde.)[11]

*

No Édipo masculino, o pai apresenta-se aos olhos do menino sob três imagens diferentes: amado como um ideal, odiado como um rival e desejado como um objeto sexual. Neste último caso, não só o menino toma o pai como objeto sexual, mas também se oferece a ele, a exemplo da mãe, como objeto sexual

A relação do menino com o pai é ... uma relação ambivalente. Ao lado do ódio que gostaria de eliminar o pai enquanto rival, um certo grau de ternura para com ele também costuma estar presente. ... Outra complicação sobrevém quando ... a ameaça que a castração faz pesar sobre a masculinidade reforça a inclinação do menino a se desviar em direção à feminilidade, colocar-se no lugar da mãe e assumir o papel dela como objeto de amor do pai.[12]

*

No Édipo feminino, o afeto que predomina não é, como no menino, a angústia de castração, mas a inveja ciumenta do pênis

As coisas são diferentes na menina. Ela julga e decide prontamente. Viu aquilo, sabe que não o tem e quer tê-lo. ... A menina recusa-se a aceitar a realidade de sua castração, obstina-se em sua convicção de que realmente possui um pênis e, em seguida, é forçada a se comportar como se fosse um homem.

As conseqüências psíquicas da inveja do pênis ... são múltiplas e têm grande alcance.[13]

*

O outro afeto que predomina no complexo de castração da mulher não é a angústia de ser castrada, pois ela já o é em sua fantasia, mas a angústia de perder o amor do ser amado.

... no caso da mulher, a situação de perigo que permanece mais ativa parece ser a da perda do objeto. Podemos introduzir nessa situação determinadora de angústia ... a seguinte pequena modificação: a saber, que já não se trata da ausência do objeto ou de sua perda real, mas, ao contrário, da *perda de amor* por parte do objeto.[14]

*

O que é próprio da psicanálise não é a transferência, mas o desvelamento da transferência, sua destruição e seu renascimento.

Não se deve supor que o fenômeno da "transferência" seja criado pela influência psicanalítica. A "transferência" se estabelece espontaneamente em todas as relações humanas, tal como na relação do doente com o médico; ela transmite por toda parte a influência terapêutica e age com força tanto maior quanto menos se suspeita de sua existência. A psicanálise não a cria, portanto; apenas a desvenda.[15]

O tratamento analítico não cria a transferência, só faz desmascará-la, como aos outros fenômenos psíquicos ocultos. ... No tratamento psicanalítico, ... todas as tendências, mesmo as hostis, devem ser despertadas e utilizadas na análise mediante sua conscientização; assim *se destrói de novo, reiteradamente, a transferência*. A transferência, destinada a ser o maior obstáculo à psicanálise, torna-se seu mais poderoso auxiliar, quando conseguimos adivinhá-la em todas as ocasiões e traduzir seu sentido para o doente.[16]

*

* *

Referências dos excertos citados

1. "Psychanalyse et théorie de la libido", in *Résultats, idées, problèmes*, II, Paris, PUF, 1985, p.51 ["Dois verbetes de enciclopédia: Psicanálise e Teoria da libido", *Edição Standard Brasileira das Obras Psicológicas Completas de Sigmund Freud* (*ESB*), XVIII, Rio de Janeiro, Imago.]

2. *La question de l'analyse profane*, Paris, Gallimard, 1985, p.150-1 ["A questão da análise leiga", *ESB*, XX.]

3. "Petit abrégé de psychanalyse", in *Résultats, idées, problèmes*, II, op.cit., p.104 ["Uma breve descrição da psicanálise", *ESB*, XIX.]

4. Ibid., p.115.

5. Ibid., p.100.

6. "Le refoulement", in *Métapsychologie*, Paris, Gallimard, 1968, p.48 ["Repressão", *ESB*, XIV.]

7. Ibid., p.48-9.

8. "L'inconscient", in *Métapsychologie*, op.cit., p.65 ["O inconsciente", *ESB*, XIV.]

9. *Moïse et le monothéisme*, Paris, Gallimard, 1948, p.169-70 [*Moisés e o monoteísmo*, *ESB*, XXIII.]

10. *Trois essais sur la théorie sexuelle*, Paris, Gallimard, 1987, p.32-3 [*Três ensaios sobre a teoria da sexualidade*, *ESB*, VII.]

11. Ibid., p.105.

12. "Dostoïevski et le parricide", in *Résultats, idées, problèmes*, II, op.cit., p.168 ["Dostoiévski e o parricídio", *ESB*, XXI.]

13. "Différence anatomique entre les sexes", in *La vie sexuelle*, Paris, PUF, 1969, p.127 ["Algumas conseqüências psíquicas da diferença anatômica entre os sexos", *ESB*, XIX.]

14. *Inhibition, symptôme et angoisse*, Paris, PUF, 1965, p.68 [*Inibições, sintomas e ansiedade*, *ESB*, XX.]

15. *Cinq leçons sur la psychanalyse*, Paris, Payot, 1987, p.61-2 [*Cinco lições de psicanálise*, *ESB*, XI.]

16. *Cinq psychanalyses*, Paris, PUF, 1954, p.87-8 [*Fragmento da análise de um caso de histeria (Posfácio)*, *ESB*, VII.]

Biografia de Sigmund Freud

1856 6 de maio: nascimento de Sigismund Freud em Freiberg, na Morávia, num meio formado por pequenos comerciantes judeus. Quando Freud veio à luz, já tinha dois meio-irmãos de 20 e 24 anos, vindos do primeiro casamento do pai. Esses meio-irmãos tinham mais ou menos a mesma idade da mãe de Freud.

1860 Toda a família passa a residir em Viena.

1873 Ingresso na universidade e descoberta do anti-semitismo.
Leitura de Goethe.
Assiste às aulas de filosofia de Brentano (teórico do conceito de consciência).

1876 Entrada no laboratório de Brücke para estudar o sistema nervoso dos peixes.

1878 Trava conhecimento com Breuer.
Estudos de neuropsiquiatria.

1885-86 Estada em Paris. Bolsa de estudos para trabalhar com Charcot.

1886 Freud abre seu consultório em Viena. Traduz as *Lições de terça-feira* de Charcot.
Estudos de neuropsiquiatria infantil.
Casamento com Martha Bernays.

1887 Conhece Fliess.
Pratica hipnose.
Reside na França, em Nancy, para trabalhar com Bernheim.

1890 Pratica com seus pacientes o método catártico.

1891 Instala seu consultório na Berggasse, em Viena. Freud ficaria ali por quase cinqüenta anos, até sua partida para a Inglaterra.

1893 Redação, com Breuer, dos *Estudos sobre a histeria*. Publicação de "Algumas considerações para o estudo comparativo das paralisias motoras orgânicas e histéricas".
Descoberta dos conceitos de defesa e recalcamento.

1894 Rompimento com Breuer. **Descoberta do conceito de transferência.**

1895 Concepção do *Projeto para uma psicologia científica*.
Nascimento de seu quinto filho, uma menina, Anna Freud, que se tornaria uma célebre psicanalista de crianças.

1896- Durante esses onze anos, Freud viajou à Itália
1907 muitas vezes, para passar suas férias de verão.

1896 A palavra "psicanálise" é empregada pela primeira vez. Morte do pai de Freud.

1897 **Descoberta do conceito do Édipo.**
Começo da auto-análise.
A interpretação dos sonhos. **Primeira teoria do aparelho psíquico como um aparelho reflexo. Descoberta do inconsciente como um sistema.**

1900 Análise da jovem histérica "Dora".

1902 Steckel, um discípulo de Freud, começa a praticar a psicanálise.

1903 Fundação do primeiro grupo de psicanalistas, a "Sociedade Psicológica das Quartas-feiras".
Descoberta da primeira teoria das pulsões: pulsão sexual e pulsão do Eu.
Sobre a psicopatologia da vida cotidiana.

1904 Grécia, Atenas e a Acrópole.

1905 Conhece Jung. **Descoberta dos estádios de desenvolvimento da sexualidade infantil.**
Três ensaios sobre a teoria da sexualidade. O chiste e suas relações com o inconsciente.

1908 Trava conhecimento com Sándor Ferenczi e Er-

nest Jones. Primeiro Congresso Internacional de Psicanálise, em Salzburgo.
Descoberta do complexo de castração.

1909 Viagem à América com Jung e Ferenczi. Cinco conferências de iniciação na psicanálise, na Universidade Clark (as *Cinco lições de psicanálise*).

1911 **Descoberta do conceito de narcisismo, graças ao estudo da psicose paranóica.**

1913 Rompimento com Jung.

1920 Fundação da policlínica de Berlim e do "International Journal of Psychoanalysis".
Segunda teoria do aparelho psíquico: Isso, Eu, Supereu e Mundo externo.
Segunda teoria das pulsões: pulsão de vida e pulsão de morte.
Além do princípio do prazer. **Descoberta do conceito de compulsão à repetição.**

1923 **Instauração do conceito de falo.**
Diagnóstico do câncer da mandíbula. Primeira cirurgia. Morte de seu neto "mais amado", Heinz.
Importância do conceito do Isso como o campo mais impessoal e mais estranho ao Eu.
O Eu e o Isso.

1926 *Inibição, sintoma e angústia.*

Ano da fundação da Sociedade Psicanalítica de Paris.

1929 Rompimento com Ferenczi.

1931 Agravamento do câncer da mandíbula.

1936 Maio: 80 anos, bodas de ouro.

1938 O *Anschluss*: Roosevelt e Mussolini intervêm em favor de Freud. Ele se exila em Londres, acompanhado da mulher e da filha Anna. Ali recebe pacientes quase até o fim da vida. Dois últimos livros: *Um esboço de psicanálise* e *Moisés e o monoteísmo*.

1939 23 de setembro: morte de Sigmund Freud, aos 83 anos.

1951 Morte de Martha Freud.

Seleção bibliográfica

TEXTOS EM QUE FREUD SINTETIZA
O ESSENCIAL DE SUA OBRA:

"A história do movimento psicanalítico", ESB, XIV.
Conferências introdutórias sobre psicanálise, ESB, XV e XVI.
"Um estudo autobiográfico", ESB, XX.
"A questão da análise leiga", ESB, XX
Um esboço de psicanálise, ESB, XXIII.

*

ASSOUN, P.-L., *Psychanalyse*, Paris, PUF, 1998.

AZOURI, C. *La Psychanalyse à l'écoute de l'inconscient*, Paris, Marabout, 1993.

DELBARY, F., *La Psychanalyse. Une anthologie. Les concepts psychanalytiques. L'expérience psychanalytique*, t.1 e 2, Paris, "Agora" Pocket, 1996.

LANDMAN, P., *Freud*, Paris, Les Belles Lettres, 1996.

LAPLANCHE, J. e PONTALIS, J.-B., *Vocabulário da psicanálise*, São Paulo, Martins Fontes, 1985.

MIJOLLA (de), A. MIJOLLA MELLOR (de), S. (orgs.), Psychanalyse, PUF, 1996.

NASIO, J.-D., *Lições sobre 7 conceitos cruciais da psicanálise*, Rio de Janeiro, Zahar, 1989.

_____. *Enseignement de 7 nouveaux concepts cruciaux de la psychanalyse*, Paris, Désir/Payot (a sair).

ROUDINESCO, E., PLON, M., *Dicionário de psicanálise*, Rio de Janeiro, Zahar, 1998.

VANIER, A., *Éléments d'introduction à la psychanalyse*, Paris, Nathan. 1996.

Notas

1. Essa visão "econômica" do movimento da energia pode ser traduzida em uma visão "semiótica" segundo a qual a *energia* que investe uma representação corresponde à *significação* da representação.

Assim, o mecanismo da *condensação* da energia corresponde à figura retórica da *metonímia* na qual uma única representação concentra todas as significações; e o mecanismo do *deslocamento*, à figura retórica da metáfora na qual as representações se vêem atribuir uma por uma, sucessivamente, toda a significação. Observemos, aliás, que, para Lacan, essa relação é invertida: a condensação corresponde à metáfora; e o deslocamento à metonímia.

2. Essa tese que considera o prazer absoluto como um perigo jamais foi formulada tão explicitamente por Freud. Nós a desenvolvemos a partir das proposições freudianas sobre o recalcamento, esclarecido que estamos pelo conceito lacaniano de gozo. A esse respeito, ver nossas colocações em *A histeria: teoria e clínica psicanalítica*, Rio de Janeiro, Zahar, 1991, e "O inconsciente e o gozo" in *Cinco lições sobre a teoria de Jacques Lacan*, Rio de Janeiro, Zahar, 1993.

3. Essa lógica em quatro tempos nos foi bastante útil para pensar os conceitos lacanianos de gozo e de objeto *a*. Ver nosso livro *Cinco lições sobre a teoria de Jacques Lacan*, op.cit.

4. S. Freud, *A interpretação dos sonhos*, ESB, vol.

5. As fontes dos conceitos freudianos de recalcamento e de representação provêm em parte da obra de um filósofo e psicólogo alemão do século XIX, Joan Friedrich Herbart. Podemos ter acesso à sua obra lendo uma antiga obra de Marcel Mauxion, L*a Métaphysique de Herbart et la critique de Kant*, Paris, Hachette, 1894.

6. Para aprofundar nossas formulações sobre o estágio fálico, o leitor poderá se reportar aos capítulos "O conceito de castração" e "O conceito de falo", in *Lições sobre 7 conceitos cruciais da psicanálise*, Rio de Janeiro, Zahar, 1989, assim como a nossas longas digressões sobre o Édipo do menino e da menina em *Lições sobre 7 novos conceitos cruciais da psicanálise* (a sair).

7. "L'identification", in *Essais de psychanalyse*, Payot, 1981, p.167-8.

8. Ver o capítulo intitulado "O conceito de compulsão à repetição", em nosso *Lições sobre 7 novos conceitos cruciais da psicanálise* (a sair).

9. Ver nosso estudo sobre "O conceito de supereu", in *Lições sobre 7 conceitos cruciais da psicanálise*, op.cit.

10. S. Freud, *Novas conferências introdutórias à psicanálise*, ESB, vol. 22.

11. G. Groddeck, *La Maladie, l'art et le symbole*, Gallimard, 1984, p.100-1.

12. Para aprofundar o estudo do conceito de identificação, o leitor poderá se reportar ao capítulo "O conceito de identificação", in *Lições sobre 7 conceitos cruciais da psicanálise*, op.cit.

Índice geral

As fases da sexualidade infantil
e o complexo de Édipo

Observação sobre o Édipo do menino:
o papel essencial do pai

*

Pulsões de vida e pulsões de morte.
O desejo ativo do passado

*

A segunda teoria do aparelho psíquico:
o eu, o isso e o supereu

*

O conceito psicanalítico de identificação

*

A transferência é a atualização de uma pulsão
cujo objeto fantasiado
é o inconsciente do psicanalista

*

Excertos da obra de Sigmund Freud

Biografia de Sigmund Freud

Seleção bibliográfica

Notas

Índice geral

Coleção Transmissão da Psicanálise

Não Há Relação Sexual
Alain Badiou

Fundamentos da Psicanálise de Freud a Lacan (3 volumes)
Marco Antonio Coutinho Jorge

Transexualidade
Marco Antonio Coutinho Jorge; Natália Pereira Travassos

Por Amor a Freud
Hilda Doolittle

A Criança do Espelho
Françoise Dolto e J.-D. Nasio

O Pai e Sua Função em Psicanálise
Joël Dor

Introdução Clínica à Psicanálise Lacaniana
Bruce Fink

A Psicanálise de Crianças e o Lugar dos Pais
Alba Flesler

Freud e a Judeidade
Betty Fuks

A Psicanálise e o Religioso
Phillipe Julien

O Que É Loucura?
Simplesmente Bipolar
Darian Leader

5 Lições sobre a Teoria de Jacques Lacan
9 Lições sobre Arte e Psicanálise
Como Agir com um Adolescente Difícil?
Como Trabalha um Psicanalista?
A Dor de Amar
A Dor Física
A Fantasia
Os Grandes Casos de Psicose
A Histeria
Introdução à Topologia de Lacan
Introdução às Obras de Freud, Ferenczi, Groddeck, Klein, Winnicott, Dolto, Lacan
Lições sobre os 7 Conceitos Cruciais da Psicanálise
O Livro da Dor e do Amor
O Olhar em Psicanálise
Os Olhos de Laura
Por Que Repetimos os Mesmos Erros?
O Prazer de Ler Freud
Psicossomática
O Silêncio na Psicanálise
Sim, a Psicanálise Cura!
J.-D. Nasio

Guimarães Rosa e a Psicanálise
Tania Rivera

A Análise e o Arquivo
Dicionário amoroso da psicanálise
Freud – Mas Por Que Tanto Ódio?
Lacan, a Despeito de Tudo e de Todos
O Paciente, o Terapeuta e o Estado
A Parte Obscura de Nós Mesmos
Retorno à Questão Judaica
Sigmund Freud na sua Época e em Nosso Tempo
Elisabeth Roudinesco

O Inconsciente a Céu Aberto da Psicose
Colette Soler

1ª EDIÇÃO [1999]

ESTA OBRA FOI COMPOSTA POR TOPTEXTOS EDIÇÕES GRÁFICAS
EM TIMES NEW ROMAN E IMPRESSA PELA UMLIVRO EM PROCESSO DE
IMPRESSÃO SOB DEMANDA SOBRE PAPEL ALTA ALVURA DA SUZANO S.A.
PARA A EDITORA SCHWARCZ A PARTIR DE AGOSTO DE 2020

FSC
www.fsc.org
MISTO
Papel produzido a partir de fontes responsáveis
FSC® C128038

A marca FSC® é a garantia de que a madeira utilizada na fabricação do papel deste livro provém de florestas que foram gerenciadas de maneira ambientalmente correta, socialmente justa e economicamente viável, além de outras fontes de origem controlada.